HOUDART 1970

Y 2

LA
FAMILLE ALAIN.

LA
FAMILLE ALAIN

PAR

Alphonse Karr.

TOME I.

BRUXELLES.

MELINE, CANS ET COMPAGNIE.

LIVOURNE. | LEIPZIG.
MÊME MAISON. | J. P. MELINE.

1847

LA FAMILLE ALAIN.

I

La Dive est une petite rivière qui serpente à travers la riche vallée d'Auge et qui vient se jeter dans la mer. Quelques cabanes de pêcheurs et d'herbagers ont fini par devenir un village qui s'appelle Dive, du nom de la rivière. Les hommes sont pêcheurs ou marchands de bestiaux. Parmi les femmes, quelques-unes s'occupent de l'industrie de leurs maris ; le plus grand nombre fait de la dentelle. Toute la vallée se compose de pâturages limités par des ruisseaux alimentés par la Dive, qui, après avoir passé sous le pont de bois de Cabour, hameau d'une dizaine de maisons, coule entre le village de Dive et un énorme banc de sable qui la sépare de la mer, dans laquelle elle va se jeter au-dessous de Beuzeval.

Beuzeval n'est guère que la réunion, sur les livres du cadastre, de fermes isolées sur un plateau élevé au-dessus de la mer et de moulins à eau mus par une petite rivière qui s'appelle tout simplement la rivière, fleuve, si l'on en croit la définition des géographes, fleuve de un à deux pieds de profondeur, d'une eau claire et limpide, et sur lequel on a jeté de place en place un vieux saule qui, posé sur les deux rives, forme un pont suffisant.

Par une matinée d'août, un dimanche, la marée montait et enflait la Dive, qui, à marée basse, n'est guère qu'un ruisseau. Un grand nombre de personnes étaient rassemblées près de l'embouchure de la rivière, sur une partie du rivage où sont situés deux ou trois cabarets sur lesquels on lit : *Cidre à dépoteyer*, ce qui veut dire à vendre par pots.

La messe venait de finir, et les habitants de Cabour, qui n'ont pas d'église, ainsi qu'une grande partie de ceux de Beuzeval, qui se trouvent plus loin de leur église que de celle de Dive, étaient descendus à l'issue de la messe jusqu'au bord de la rivière et de la mer, pour assister à une cérémonie qui allait avoir lieu. Quelques hommes dépoteyaient du cidre. De jeunes filles en parure se promenaient par trois ou quatre ensemble, caquetant et riant tout haut pour attirer l'attention des garçons, qu'elles semblaient éviter, tandis que ceux-ci, également par groupes, causaient de la mer, de la pêche et du temps, sans perdre les filles de vue. Parmi ceux qui s'étaient assis devant les cabarets, il était impossible de ne pas remarquer deux hommes déjà âgés, mais encore vigoureux, qui, partageant fraternellement un pot de cidre, échangeaient quelques mots qui sortaient de leur bouche entre d'épaisses bouffées de tabac.

L'un des deux était le seul des assistants qui ne fût pas en toilette; il avait sur la tête un bonnet de laine rouge; un gilet de laine rayé de blanc et de rouge ne laissait voir que ses manches, parce qu'un autre gilet de gros drap bleu foncé était boutonné par-dessus; un pantalon de drap bleu était recouvert du haut par un cotillon, large pantalon de toile à voile qui retombe à gros plis jusqu'aux genoux; et d'en bas, par de grandes bottes qui montaient jusqu'à moitié de la cuisse. Son visage était à peu près couleur de cuivre, ainsi que son cou, que l'absence de cravate permettait de voir. En réalité, il s'appelait Tranquille Alain; mais quelques actes d'audace à la pêche lui avaient fait donner dans sa jeunesse le surnom de Risque-Tout, qui était devenu tout doucement son nom et le seul sous lequel le connussent les jeunes gens de la commune.

L'autre, auprès de Tranquille Alain, était presque un monsieur; il avait un chapeau et une très-longue redingote d'un bleu pâle, un pantalon de faux nankin d'un jaune plus ardent que le véritable, des souliers à bouts arrondis, et sur le ventre un large cordon de montre vert et rouge terminé par un gros cachet et une clef en cornaline. Il se nommait Éloi Alain et était cousin de Tranquille. Il était meunier du meilleur moulin de Beuzeval, celui qui est le plus près de la mer. Il était riche et n'était pas fâché qu'on lui parlât de son argent. Comme presque tous les meuniers, il accaparait un peu de blé et faisait une sorte de petite banque quelque peu usuraire ; il avait beaucoup spéculé sur la manie des paysans de devenir propriétaires en achetant des carrés de terre qui rapportent deux pour cent, et dont il leur faut payer l'intérêt à cinq pour cent quand le vendeur leur accorde du temps, ou à huit ou neuf quand il faut emprunter pour payer l'acquisition. Il avait fait aussi un peu de contrebande dans sa jeunesse ; mais le métier n'en valait plus rien, et il n'y pensait que pour se rappeler une haine violente qu'il conservait dans son cœur, et qui avait pris son origine dans une affaire de cette nature. Il avait prêté de l'argent à son cousin Tranquille pour faire construire un nouveau canot que l'on devait baptiser ce matin même, et ils attendaient en buvant et en fumant que M. le curé, qui était allé dîner après sa messe, descendît sur la plage avec son clergé.

Le canot neuf était sur la plage, mâté et voilé, avec un énorme bouquet au haut du mât. Pélagie Alain, femme de Tranquille, triomphait sans dissimulation. Auprès d'elle étaient le parrain et la marraine, un beau petit garçon et une belle petite fille vêtus de leurs habits de fête, et qu'elle avait bien du mal à empêcher d'aller jouer, ce qui aurait nécessairement détruit bien vite l'effet de ses soins pour les parer. Le garçon, appelé Onésime, était à elle, ainsi qu'une seconde petite fille, la blonde Bérénice, qui n'assistait à la fête qu'en qualité de spectatrice. La marraine était une enfant dont Pélagie avait été la nourrice et qui était sœur de lait de Bérénice. Sa mère était morte depuis longtemps, et son père, soldat, l'avait laissée chez les Alain, avec lesquels il avait été lui-même élevé. Il était mort depuis quatre ans sur le champ de bataille, chef de bataillon et décoré, laissant à sa fille deux cent cinquante francs de pension. Tranquille Alain et sa femme ne la distinguaient guère de leurs autres enfants, et tous ensemble se traitaient comme frère et sœurs. La marraine avait été nommée Pulchérie, nom qui se prononce dans les campagnes normandes comme *Chérie*.

Peut-être serez-vous un peu étonnée, madame, de l'air prétentieux de la plupart de ces noms, mais je puis vous assurer que je n'en suis pas l'inventeur et qu'ils sont très-communs en Normandie. Il n'y a pas un village où l'on ne trouve des Bérénice, des Artémise et des Cléopâtre. Où les habitants ont-ils pris originairement ces noms? Je l'ignore. Quelques dames de châteaux les auront donnés d'abord autrefois d'après quelque roman de mademoiselle de Scudéri, et ils seront restés traditionnellement dans le pays.

Le pot de cidre de Tranquille et d'Éloi était vide. Éloi prit sa canne qu'il avait posée à terre (cette canne avait une masse à un bout et un cordon de cuir à l'autre), et il frappa sur la table en criant : « Garçon, un pot ! » Le maître du logis, qui était son propre garçon, vint prendre le pot, et le rapporta plein, puis attendit, selon l'usage, que les consommateurs le payassent d'avance. Éloi tira d'une poche de son pantalon une poignée de pièces de cinq francs, sembla chercher parmi elles une pièce moins grosse, puis, ne la trouvant pas, remit l'argent dans son gousset, et interrogea l'autre poche de la même manière.

— Attends, dit Tranquille, j'ai de la monnaie.

— Tu as déjà payé l'autre pot.

— C'est égal, puisque tu n'as pas de monnaie.

Éloi se laissa vaincre sans plus de résistance, et, comme s'il eût attendu cette offre, il remit dans sa seconde poche l'argent qu'il en avait tiré, et, amenant à lui une blague formée d'une patte d'albatros, dans laquelle Risque-Tout mettait son tabac, il remplit de nouveau sa pipe. Risque-Tout en fit autant avec son propre tabac, tira un peu d'amadou de son gilet, battit le briquet avec son couteau sur un galet cassé qu'il ramassa, et ralluma sa pipe noircie par l'usage, dont le tuyau avait à peine quelques lignes de longueur, et qui se plaçait dans un trou qu'elle avait fait entre deux dents, comme un aviron dans une *dame*.

— Eh! Tranquille, dit le meunier, je ne vois pas ton aîné.

— Césaire? Oh! il est allé se faire brave. Il n'a pas voulu rester comme moi avec ses habits de pêche.

— Tu pêches donc le dimanche?

— Ma famille mange le dimanche comme les autres jours.

— L'Église ne veut pas qu'on travaille le dimanche, et il n'y a que toi qui n'obéisses pas.

— C'est commode pour toi. Le blé pousse le dimanche comme les autres jours, et il pousse aussi la nuit pendant que tu dors. D'ailleurs, qui travaille prie. On permet bien de boire et de se soûler au cabaret le dimanche, et on ne me permettrait pas de gagner le pain de mes enfants! Allons donc! Je suis un simple, je ne sais pas lire, mais j'ai un bon sens qui me dit ce qui est bien et ce qui est mal. Pourquoi est-ce qu'on ne travaillerait pas le dimanche?

— Cela t'empêche d'aller à la messe.

— Pas tout à fait. Nous sommes partis cette nuit pour relever nos lignes et nos cordes, et, quand le jour a commencé à poindre, Césaire et moi nous nous sommes mis à genoux, et nous avons prié un brin le bon Dieu de bénir notre pêche et notre travail, et il nous a entendus, nous avions du poisson à tous ains.

(Je ne crois pas devoir conserver aux personnages l'accent du pays, qui serait peu intelligible. En réalité, Tranquille Alain a dû dire *béni* pour bénir, *pèchon* pour poisson, *mè* pour moi, *commenchè* pour commencé; *tous ains* est parfaitement français et est synonyme d'hameçons.)

— Et aussi, ajouta Éloi, M. le curé a encore dit anhui (aujourd'hui) dans sa chaire que Dieu s'était reposé le septième jour.

— M. le curé, je le respecte, mais, dans sa chaire, il parle tout seul et personne ne lui répond. Si le bon Dieu s'est reposé le septième jour, c'est parce qu'il avait fini sa besogne et n'avait plus rien à faire. Il s'est aussi reposé le huitième, c'est-à-dire le lundi, et le neuvième et tous les jours suivants; faut-il donc ne pas travailler demain ni jamais? Écoute, Éloi, tu m'as prêté cent écus pour faire faire ce canot neuf; eh bien! tu es plus sûr d'être payé des cent vingt écus que je dois te rendre après la saison par un homme qui travaille le dimanche. Tiens, voilà Césaire qui arrive.

— Es-tu content de lui?

— Oui, il va bien; c'est doux comme une fille, ça n'a pas une volonté; mais un qui sera un fin pêcheur, c'est le petit Onésime, le parrain de l'embarcation. Il ne vit que sur la mer, cet enfant-là, et ça a onze ans! Si ça avait la force, ça vous manœuvre déjà un bateau comme un homme ! Je ne veux pas l'emmener aux marées de nuit, tant qu'il est si jeune ; eh bien ! il faut se fâcher chaque fois pour le laisser à la maison. L'autre nuit, il y a deux jours, je le croyais endormi, nous partons avec Césaire, il était une heure de la nuit ; eh bien ! Onésime était allé d'avance se cacher sous le tillac du canot ! Quand il tient une ligne ou un libouré, le roi n'est pas son maître ! Cet enfant-là sera un jour l'ennemi du poisson... Mais on sonne à l'église, c'est le curé qui sort. Ah ! voici le maître du château et sa femme.

— M. Malais ?
— M. Malais de Beuzeval.
— Pas plus de Beuzeval que moi, répliqua le meunier avec impatience ; le grand-père était marchand de bœufs comme le mien, le père a été usurier, tandis que le mien était honnête homme. C'est de ce moment-là que leur famille s'est élevée au-dessus de la nôtre ; il a acheté ou plutôt volé le château de Beuzeval. Je ne parle pas de l'oncle de celui-ci, qui était douanier, le diable ait son âme ! Je n'en parle pas, parce que j'en ai trop à dire ; et ces Malais, ça a l'air de mépriser la terre... elle n'est pas digne de les porter. Eh ! moi aussi j'en ai de l'argent, ça sera peut-être à mon tour quelque jour de ne pas les reconnaître ; j'ai fait un serment sur cette famille-là.

On sonnait toujours à l'église ; on commença à entendre les chants du curé, du clerc et des enfants de chœur, dont l'un portait la croix et l'autre du sel, du blé et l'eau bénite. Les pêcheurs qui entouraient le canot, qui en louaient ou en critiquaient le bordage ou la quille, et qui prophétisaient qu'il irait plus ou moins bien à la voile ou à l'aviron, se découvrirent et s'espacèrent pour faire place au curé, au parrain et à la marraine. Pélagie Alain avait placé un christ de buis sur l'arrière du bateau, place d'honneur. Tout le monde se signa, et le curé commença à dire en latin :

— Seigneur, vous domptez l'orgueil de la mer et vous calmez la violence des flots.

Et le clerc répondit :

— Je chanterai éternellement les miséricordes du Seigneur.

Le curé lut alors l'Évangile :

« En ce temps-là, Jésus montant dans une barque, ses disciples le suivirent, et voici qu'une grande tempête s'éleva sur la mer, en sorte que la barque était couverte de vagues. Jésus cependant dormait ; ses disciples s'approchèrent donc de lui et l'éveillèrent en disant :

« — Seigneur, sauvez-nous, nous périssons !

« Jésus leur dit :

« — Pourquoi craignez-vous, gens de peu de foi ?

« Et en même temps, se levant, il commanda aux vents et à la mer, et il se fit un grand calme. Ceux qui étaient présents furent saisis d'étonnement, et ils disaient :

« — Quel est celui à qui les vents et la mer obéissent ? »

Puis le curé reprit en chantant :

— Seigneur, vous domptez l'orgueil de la mer, et vous calmez la violence des flots.

Et le clerc répondit avec les enfants de chœur :

— Je chanterai éternellement les miséricordes du Seigneur.

Le curé fit alors le tour de la barque en y jetant du sel et du blé, et en disant :

— Notre secours est dans le nom du Seigneur.

Le clerc. — Qui a fait le ciel et la terre.

Le curé. — Que le nom du Seigneur soit béni !

Le clerc. — Maintenant et dans toute l'éternité.

Le curé. — Opérez, Seigneur, ce qui est représenté par le sel et par le blé ; donnez-nous la sagesse qui prévient la corruption et l'iniquité, et bénissez les travaux de ceux qui monteront ce frêle esquif.

Il demanda alors quels étaient le parrain et la marraine, et à une seconde question :

— Quel nom donnez-vous au canot ?

Onésime s'embarrassa et ne put répondre ; mais Pulchérie, rouge comme une cerise, répondit :

— *La Mouette*, M. le curé.

Le curé aspergea le canot d'eau bénite, et se remit en route. Pulchérie lui mit dans la main un sac de bonbons, dans lequel on avait caché un petit écu. Onésime donna des dragées et une petite pièce au clerc et aux enfants de chœur.

Et le clergé de Dive retourna à l'église en chantant :

« L'eau s'élevait jusque par-dessus ma tête; j'ai dit : Je suis perdu ! j'ai invoqué votre nom, Seigneur, et j'ai été sauvé.

« Mon secours vient du Seigneur qui a fait le ciel et la terre. »

Tous les assistants firent encore le signe de la croix. Alors la scène changea. Pélagie avait des dragées dans son tablier; elle en donna à ses commères, et les deux enfants, Pulchérie et Onésime, jetèrent les dragées par poignées et le plus loin possible sur les galets, sable arrondi de la mer dont chaque grain est gros comme un œuf, de même que les mouettes, qui sont les hirondelles de l'Océan, sont de la taille d'un aigle. Les enfants se ruaient sur les dragées, se précipitaient sur les galets entre lesquels elles tombaient, se poussaient et roulaient pêle-mêle.

Pélagie alors retourna à la maison pour préparer la *caudrée*. La caudrée veut probablement dire la chaudronnée, comme on dit la marmite chez les petits bourgeois, pour signifier le dîner. Pendant la pêche, on fait ordinairement, chez le patron de chaque barque, une caudrée le samedi soir, après qu'on a partagé l'argent de la pêche de la semaine; mais cette fois, c'était à propos du baptême du nouveau canot, Pélagie avait invité quelques amis, et aussi les matelots de Tranquille.

Outre le petit canot qui était à lui, et que le nouveau baptisé était destiné à remplacer, Risque-Tout commandait une grande barque, appartenant à M. Malais de Beuzeval, pour les temps où la mer est plus dangereuse et les pêches plus lointaines, l'hiver pour la pêche du hareng, et l'été pour celle du maquereau. Ce bateau était monté par cinq hommes et un mousse. On divisait la pêche en un certain nombre de parts ; au bateau il revenait deux lots. Pour la première fois, Onésime avait rempli les fonctions de mousse à bord de la barque, au commencement de l'été, pendant la pêche du maquereau. Dans les intervalles de ces deux pêches, le petit canot servait pour pêcher à la ligne, et tendre la nuit de longues cordes armées d'hameçons, et aussi pour porter des sortes de nasses, pour prendre les homards et les crabes, étrilles, etc., dont il n'y a guère sur la côte sablonneuse de Dive.

Pour ces pêches, Onésime, quoique inscrit sur le rôle de son père comme mousse, n'aurait été qu'un embarras dans le petit canot, et on le laissait à terre, à son grand chagrin, avec les deux petites filles. Bérénice commençait à faire de la dentelle; mais à Pulchérie, nièce de M. Malais, qui ne s'occupait guère d'elle, on n'aurait pas osé faire apprendre un état. Onésime allait à l'école tous les deux jours. Ces intermittences s'expliquent par un usage inventé par beaucoup de paysans en Normandie. L'école se paye de vingt à quarante sous par mois pour un enfant ; beaucoup de parents envoient deux enfants alternativement et ne payent que pour un, puisqu'au bout du compte il n'y a jamais qu'un seul enfant à l'école. Depuis deux ans que ce manége durait, Bérénice connaissait à peine ses lettres, et Onésime n'avait fait de notables progrès que dans l'art de mettre de petits morceaux de papier à l'abdomen des mouches, qui, volant par la classe avec cette queue postiche, comblaient les enfants de bonheur. Ces études extrêmement primaires d'Onésime étaient presque supprimées depuis un an qu'il allait à la mer. En outre, Pulchérie, qui ne faisait rien et n'avait rien à faire, se trouvait seule quand Bérénice était à l'école un jour, et le jour d'après faisait de la dentelle ; aussi elle faisait tout pour débaucher Onésime, sans lequel elle n'eût pas osé aller courir dans la campagne, ou faire voguer de petits bateaux aux bords de la mer.

 Vers cinq heures, on se réunit chez Tranquille pour la caudrée. Les femmes amenèrent leurs enfants, les unes deux, les autres quatre, quelques-unes un plus grand nombre. Le repas se composait de soupe, de viande grillée et de poisson, et de cidre pour boisson. Tous les enfants mangèrent ensemble sur un banc érigé en table; mais leur gazouillement ne tarda pas à gêner les pêcheurs. Les mères les emmenèrent au logis. Bérénice resta avec la sienne pour l'aider; Pulchérie et Onésime disparurent avec les autres enfants, et on ne s'occupa plus d'eux. Les pêcheurs alors se mirent à deviser; les pots de cidre se vidaient et se remplissaient. On parla du nouveau canot, puis de la pêche.

— Prendrons-nous du hareng cette année? Nous n'en avons guère eu l'année dernière.

— Le hareng, dit un marin qui avait servi dans la marine impériale, il a quitté nos côtes depuis le départ de l'empereur.

— Je crois, dit un autre, que nous n'étions pas assez au nord.

— Je m'en irai par le travers de Dieppe.

— J'ai bon espoir pour cette année.

Les têtes s'échauffaient; le cidre répandait la gaieté et la confiance. Les femmes revinrent après avoir couché leurs petits enfants et les avoir laissés à la garde des plus grands. Alors on chanta. Le marin de la garde chanta la fameuse chanson :

> Le collecteur des tailles
> Dit qu'il vendra mon lit;
> Je me moque de lui,
> Je couche sur la paille;

et tout le monde chanta en chœur le refrain :

J'aime mieux moins d'argent,
Chanter, danser, rire et boire ;
J'aime mieux moins d'argent,
Et vivre plus gaîment.

La soirée fut terminée par un cantique qui se chante à presque toutes les cérémonies qui intéressent les pêcheurs, et qui s'adresse à la vierge Marie, à laquelle les marins ont une dévotion particulière :

Vierge sainte, exaucez-nous !
Notre espoir est tout en vous ;
Chère dame de la Garde,
Très-digne mère de Dieu,
Soyez notre sauvegarde
Pour nous défendre en tout lieu.
Soutenez de votre bras
Et nos vergues et nos mâts,
Fortifiez le cordage,
Les câbles et les haubans.

. . . .
Claire étoile de la mer,
Montrez-vous dans le danger.

. . . .
Conservez-nous la santé,
La vie et la liberté.
Soyez notre ancre maîtresse,
Si l'ancre vient à cherler.

. . . .
Suppliez votre cher fils
Qu'il bénisse nos profits ;
Ajoutez au bon passage
Un heureux et prompt retour.
. . . .

Pendant que la caudrée avait lieu chez Tranquille Alain, on dînait également chez M. Malais de Beuzeval. Éloi Alain avait dit la vérité en disant que le grand-père de

M. Malais avait été marchand de bestiaux. Il était mort en tombant de cheval dans un voyage, après un repas prolongé. Il avait laissé passablement d'écus à son fils Aubry Malais. Celui-ci avait renoncé au commerce de son père, et s'était mis à prêter de l'argent. Il avait épousé la fille d'un marchand, qui avait mis la maison sur un pied bourgeois. Un de leurs deux fils s'était fait soldat. Elle avait marié l'autre, à qui, presque malgré son mari, elle avait fait donner une éducation de *monsieur*; elle lui avait fait épouser la fille d'un marchand comme elle, qui, outre de l'argent comptant, apportait des façons d'être à son gré. Elle avait été en pension à Lisieux, et en était revenue très-demoiselle. L'autre fils, le soldat, quelques années plus tard, s'était marié lui-même ou à peu près. Il apporta un jour une petite fille, pour laquelle il demanda une nourrice. Pélagie Alain venait d'accoucher de Bérénice; elle éleva les deux enfants en même temps. Auguste Malais repartit au bout de quelques jours en laissant de l'argent, et sans avoir dit autre chose de la mère de la petite Pulchérie, sinon qu'il l'avait perdue. On n'entendit plus guère parler de lui, et, quelques années après, on apprit presque en même temps qu'il avait été nommé chef de bataillon et officier de la Légion d'honneur, et qu'il avait été tué.

Son oncle et sa tante avaient bien autre

chose à faire qu'à s'occuper de Pulchérie.
Ils avaient eux-mêmes eu trois enfants, dont
deux étaient morts presque en naissant. Le
premier seul, qui avait trois ans de plus que
Pulchérie, avait survécu, et était en pension
à Paris, où on avait décidé qu'il deviendrait
un prodige. La mère Aubry Malais était morte
en disant :

— Ce n'est pas commode d'avoir un beau-
père marchand de bœufs.

Dorothée, sa fille, voulut effacer cette origine le plus possible pour elle, et tout à fait
pour son fils. Le père de son mari avait acheté
le château de Beuzeval et ses dépendances.
Le propriétaire était gêné dans ses affaires.
En répandant des bruits exagérés et inquié-
tants sur sa situation, Aubry Malais avait
fait douter de sa solvabilité, et passa pour
un extravagant quand on le vit ramasser partout des créances sur M. de Beuzeval ; mais,
quand il en eut suffisamment, il sut s'en servir de façon à avoir le château et les terres
pour le quart de leur valeur, en suscitant
mille ennuis et mille tracasseries au posses-
seur.

Dorothée et son mari, déjà plus éloignés
du marchand de bœufs, avaient tout doucement ajouté le nom de Beuzeval à leur nom
de famille, en préparant les voies à leur fils,
qui s'appellerait simplement M. de Beuzeval
et renoncerait au nom trop connu de Malais.
Donc M. Malais de Beuzeval et sa femme Do-

rothée étaient des parvenus dans l'acception la plus complète du mot, fiers de leur fortune et ne perdant aucune occasion de l'étaler aux yeux des autres. Quand le jeune Octave Malais de Beuzeval avait eu douze ans, il était venu faire sa première communion *au château* pendant les vacances. C'était l'époque où communiaient les enfants du pays. M. Malais avait exigé du curé de Beuzeval, qui avait eu la faiblesse d'y consentir, que l'on ne fît pas communier son fils avec les enfants des paysans et des pêcheurs, et il avait communié à part, la veille de la communion générale ; puis on l'avait renvoyé à Paris continuer ses études. Madame Malais disait à tout le monde que son fils apprenait le latin et le grec, qu'outre les maîtres du collége, il avait des professeurs particuliers, qu'il travaillait beaucoup, etc. Tout à coup l'objet de toutes leurs espérances tomba malade et mourut. M. et madame Malais furent écrasés du malheur qui les frappait. Leur vanité chercha des consolations dans un grand et coûteux appareil donné à leur douleur. On ramena de Paris le corps d'Octave ; on lui fit à Beuzeval des obsèques splendides ; on lui éleva dans le cimetière un tombeau ou plutôt un mausolée magnifique. Néanmoins il leur était resté une grande tristesse ; leur vie était désormais sans but et sans espoir.

Dorothée un jour s'avisa de songer à Pulchérie. Elle alla la voir chez Pélagie Alain,

Elle la trouva jolie, mais horriblement paysanne, et n'y retourna plus pendant quelque temps. Un autre jour qu'elle la rencontra par hasard, elle l'embrassa ; puis elle se la fit amener quelquefois. Pélagie, par un bon instinct, pensa que madame Malais reprenait des droits sur l'enfant en reprenant un peu de tendresse ; et quand il fut question de baptiser le canot, elle alla demander à madame Malais la permission que Pulchérie fût marraine. Non-seulement on y avait consenti, mais encore on avait donné une robe pour l'enfant et on avait promis d'assister à la cérémonie. Rentrés chez eux, sans spectateurs pour leur luxe, les deux époux, à la fin d'un dîner somptueusement servi, parlèrent de l'événement de la journée.

— Comment trouvez-vous la petite, Louis ?

— Assez bien ; elle ressemble beaucoup à feu mon frère.

— Elle n'avait pas le même air que toutes ces petites paysannes, quoiqu'elle ait été élevée avec elles ; mais ce bon naturel ne sera pas long à se gâter : elle ne tardera pas longtemps à devenir commune et grossière comme les gens dont elle partage la vie.

— Ce sera dommage.

— Faisons-nous bien à son égard tout ce que nous devons, mon cher Louis ?

— Je me le demandais ce matin, Dorothée, et aussi ce qu'on pouvait dire de nous à ce sujet.

— Après tout, c'est notre nièce, Louis.

— La fille de mon frère, Dorothée... Et on doit trouver singulier que nous laissions ainsi la fille de mon frère.

— Tout ce qui reste de notre famille, puisque Dieu m'a repris les trois enfants qu'il m'avait donnés.

— Et surtout notre fils Octave, qui promettait d'être un homme si distingué.

— Notre maison est bien triste depuis que nous avons perdu ce cher enfant.

— Cette petite fille est notre héritière.

— Unique... et elle porte notre nom. Devons-nous la laisser devenir tout à fait une paysanne?

— Pour qu'elle ne puisse épouser qu'un marchand de bestiaux!... Cela ferait un bel effet.

— Qui nous appellera son oncle et sa tante!

— Pulchérie sera jolie; elle sera riche. Son père était chef d'escadron et officier de la Légion d'honneur. Personne ne pourrait trouver mauvais qu'elle prétendît à tout.

— Oui, avec une éducation convenable et des habitudes plus distinguées.

— Nous ne devons pas oublier que c'est notre sang, presque notre fille... on doit en jaser... Je voudrais savoir si nous sommes du même avis... sur quelque chose, Dorothée...

— Je crois que oui... Pensez-vous à la prendre avec nous?

— Je pense que nous le devons à elle et à la mémoire de mon frère, et puis à nous-mêmes. Elle est notre seule héritière ; elle n'a pas de parents et nous n'avons plus d'enfants. Cela consolera notre vieillesse ; cela nous donnera quelque belle alliance. Ce nom, qui nous fait bien du tort dans l'opinion du monde, ce maudit nom de Malais que nous avons tant de peine à déguiser sans pouvoir le faire oublier, disparaîtra sous un beau nom...

— Pulchérie n'épousera qu'un noble ; elle sera comtesse.

— Et vous serez la tante d'un comte et d'une comtesse ! Il faut aller la chercher demain matin. Je pense que ce sera généralement approuvé.

— Il faudra lui faire faire tout de suite des habillements convenables. J'ai ici quelques étoffes, et d'ailleurs nous écrirons demain à Caen ou à Lisieux ; on lui fera des robes d'après ma belle robe que j'ai fait faire à la mode de Paris quand nous y sommes allés il y a douze ans.

La caudrée chez Risque-Tout dura assez tard. On prit le café. Le café du pêcheur normand consiste en n'importe quoi qui soit noir et liquide ; le goût ne fait rien à l'affaire. Voici comment on prend un café : on avale la moitié de la chose appelée café, puis on remplit sa tasse avec du tafia, de l'eau-de-vie ou du genièvre. Le genièvre est quelque chose qui a l'odeur de la térébenthine. Cela a été inventé pour nettoyer les meubles ; on a fini par en boire, et on en boit beaucoup. Ce premier mélange s'appelle *gloria*. On vide derechef la tasse à moitié, et on la remplit encore d'eau-de-vie, de tafia ou de genièvre ; c'est ce qui forme le gloria gris. On absorbe le gloria gris presque entièrement ; après quoi on remplit la tasse d'eau-de-vie, et on la vide sous le nom de rincette. A la rincette succède la surrincette, qui est suivie du pousse-café. Quand le pousse-café est bu, on dit : « Nous allons boire une goutte d'eau-de-vie, » et on en boit plusieurs gouttes. Il est très-rare que les pêcheurs soient ivres pour cela.

Je ne connais pas beaucoup les mœurs des autres marins ; mais ce que je puis affirmer, c'est que je n'ai jamais entendu à une caudrée aucun pêcheur chanter une chanson grossière et inconvenante : on chante des cantiques, des refrains guerriers, des chansons sur l'empereur ou sur la mer.

II

La caudrée finie, on se sépara. La marée commandait le départ pour une heure avant le jour. Pélagie commençait à s'inquiéter. Bérénice dormait depuis longtemps; il était plus de dix heures, et les deux autres enfants n'étaient pas dans la maison. Tranquille Alain et Césaire, qui n'avaient que trois heures à dormir, se couchèrent et ne tardèrent pas à céder au sommeil. Pélagie attendit encore un peu. Il faisait un vent assez frais. Elle courut sur la plage appeler les enfants, puis elle alla les demander chez les autres pêcheurs; personne ne les avait vus. Elle retourna au bord de la mer et rentra chez elle. Quand elle vit le jour poindre, elle fit la soupe pour Tranquille et pour son fils aîné, qu'elle réveilla.

— Tranquille, dit-elle, les enfants ne sont pas rentrés.

— Comment, pas rentrés ! de toute la nuit?

— De toute la nuit. J'ai heurté à toutes les portes, j'ai erré sur la grève; on ne les a vus nulle part.

— Je n'ai pas peur pour la mer; mais la rivière est vaseuse...

Tranquille et Césaire allèrent sur les rives. Pélagie réveilla Bérénice, et toutes deux se mirent en route de leur côté. Le mari et la femme rentrèrent à la maison au bout d'une demi-heure. Pélagie pleurait; Tranquille était ému, mais dissimulait son inquiétude.

— Ils sont peut-être allés à Beuzeval, au château ou chez le cousin Éloi; on les aura gardés à coucher; ils vont revenir au jour,

Onésime sera au moins huit marées sans aller à la mer.

— Il faut que nous mettions à la voile; tout le monde est en route.

— Où est Césaire?

— Il m'attend au canot, sans doute... Adieu, Pélagie. Nous reviendrons ce soir quand la marée commencera à dévirer par le sud. Tu me feras signe, sitôt que tu nous verras, s'ils sont revenus... ou plutôt tu les amèneras avec toi sur la plage... Adieu...

A ce moment arriva Césaire tout hors d'haleine.

— Voilà bien une autre affaire, le canot n'est pas sur la grève; on ne le voit ni à la mer, ni nulle part.

Tranquille devint pâle.

— Onésime aura voulu s'aller promener avec le canot. A quelle heure sont-ils partis hier, Pélagie?

— Je ne sais; ils ont disparu pendant la caudrée.

— La marée descendait. Césaire, va parer le vieux canot et ne perds pas de temps. Nous les rencontrerons à la mer. Onésime n'aura pas eu la force de revenir; nous les rencontrerons, ne te tourmente pas, Pélagie, il n'y a pas de danger; quelqu'un de nos bateaux qui sont déjà en route les aura peut-être rencontrés. Le canot venait d'être béni, il n'y a pas de danger.

Tranquille, contre son habitude, embrassa

Pélagie en partant. Pélagie resta immobile et écrasée sur une chaise. Puis, lorsque Tranquille eut poussé à l'eau le vieux canot avec l'aide de Césaire, il dit à son fils :

— Onésime et Pulchérie sont perdus ; il a venté cette nuit, le canot aura chaviré ; sans cela, Onésime aurait bien su revenir au changement de la marée, à moins qu'il ne se soit égaré dans le brouillard ; ils sont perdus !

Le canot poussé à l'eau, le père et le fils allèrent prendre le vent à l'aviron, puis hissèrent la voile, et ils ne tardèrent pas à s'enfoncer dans la brume matinale.

Vers dix heures du matin, madame Malais descendit de Beuzeval à Dive, accompagnée d'une servante, pour emmener Pulchérie, dont on avait déjà préparé la chambre. Les deux femmes trouvèrent Pélagie comme son fils et son mari l'avaient laissée, c'est-à-dire semblable à une femme foudroyée ; on la secoua.

— Qu'avez-vous donc, Pélagie ? Êtes-vous malade ?

— Oh ! la mer, dit-elle, la cruelle mer ! elle a englouti mon père et mes trois frères ; elle aura mon mari et tous mes enfants !

— Mais qu'avez-vous, Pélagie ? Pourquoi êtes-vous ainsi ? Il ne fait pas mauvais temps, et votre mari va tous les jours sur une mer plus effrayante.

— Ah ! madame, dit Pélagie en pleurant, nous ne reverrons ni Onésime, ni Pulchérie.

— Pulchérie, dites-vous ? où est-elle ?

— Dieu seul le sait, madame ; elle a disparu hier soir avec Onésime. J'ai passé la nuit à les chercher ; ils sont partis avec le canot qu'on a baptisé hier.

— Est-on allé à leur recherche ?

— Tranquille et Césaire sont partis ; mais il a fait du vent cette nuit, et mes pauvres enfants sont perdus !

— Comment n'avez-vous pas surveillé davantage une enfant qui vous était confiée !

Ici Pélagie retrouva de l'énergie, se leva et dit :

— Madame ! on ne peut demander à une femme d'avoir plus de soin d'aucun enfant que des siens propres. Cette pauvre petite, il ne m'est pas arrivé souvent de penser qu'elle n'était pas à moi comme les autres ; d'ailleurs personne ne m'a disputé le soin à prendre d'elle, et, s'il est arrivé un malheur, c'est à moi plus qu'à n'importe quelle autre qu'il est arrivé. Tranquille, en partant, me disait que les enfants avaient peut-être été au château un peu tard, et qu'on les avait retenus. Je suis allée cette nuit partout ; mais puisque le canot n'y est pas... ils sont partis avec.

— Votre mari reviendra-t-il de bonne heure ?

— Avec la marée ; il ne peut pas revenir plus tôt, à moins que le vent ne change, et il a l'air de bien tenir de la terre.

— Mais que peut-on faire ?

— Rien, madame, pleurer, attendre et prier Dieu et la sainte Vierge ; mon espoir est tout dans ce canot tout frais baptisé, qui n'a jamais été monté que par ces deux innocentes créatures. Si la mer ne le respecte pas, que respectera-t-elle ? Je vais aller voir M. le curé pour qu'il fasse des prières.

Et Pélagie s'en alla chez le curé. Madame Malais fut obligée de remonter à Beuzeval, où elle raconta ce qui était arrivé à Pulchérie ; on envoya plusieurs fois des domestiques demander si les pêcheurs étaient revenus et si on avait des nouvelles des enfants. Les deux époux se firent d'abord des reproches de n'avoir pas pris plus tôt Pulchérie chez eux ; puis, grâce aux accommodements qu'on trouve toujours moyen de faire avec sa conscience, ils finirent par tomber d'accord que tous les torts étaient à Tranquille et à Pélagie, et ils déplorèrent alors la perte d'un enfant qu'ils aimaient tant, quoiqu'ils ne s'en fussent jamais occupés jusque-là, l'isolement de leur vieillesse, l'espoir détruit d'une alliance avec quelque grande famille, leur fortune tombant après eux à des parents éloignés, à des Malais marchands de bestiaux, ou pis encore, et M. Malais pensa que l'on ne pourrait rien dire à ce sujet qui leur fût défavorable.

Le domestique envoyé à Dive revint annoncer que l'on voyait de loin les barques, mais qu'elles n'étaient encore visibles que pour les femmes et les enfants des pêcheurs, dont les yeux étaient plus exercés. M. et madame Malais se mirent alors en route, et descendirent à Dive par un chemin assez escarpé, couvert de buissons d'hippophaès, à feuilles étroites et grises, et ressemblant à des oliviers chagrinés. Quand ils arrivèrent sur la grève, on voyait alors plus distinctement les canots. Toutes les femmes et les enfants étaient réunis au bord de la rivière. La mer était à peu près étale; elle ne montait plus, et les assistants tiraient du vent et de l'état de la mer des inductions qui n'étaient très-claires que pour les gens du métier. Pélagie avait les yeux fixés sur l'horizon qu'elle interrogeait avec anxiété.

— Le vent est un peu retombé, disait une femme; ceux qui sont allés par l'est ne pourront pas rentrer avant l'autre *flot*.

— Voit-on les canots à Risque-Tout?

— Non, les deux premiers sont à Samuel Aubry et à Pacôme Glam.

— Et le troisième?

— Le troisième?... N'est-ce pas la barque à Placide?

— Peut-être bien.

M. Malais s'approcha de Pélagie et lui dit :

— Pélagie, ne voyez-vous rien?

— M. Malais, répondit Pélagie, ils ne sont pas en vue; j'ai prié toute la journée, et je ne sens pas d'angoisses dans mon cœur; j'espère.

A ce moment, le bateau de Pacôme Glam

entrait en rivière. Pélagie voulut faire une question ; mais la force lui manqua. Une autre femme cria :

— Ohé, Pacôme, avez-vous rencontré les gens à Pélagie ?

— Non, nous ne les avons pas vus ; ils doivent être par l'est.

— Avez-vous du poisson ?

— Assez bien.

Et la famille de Pacôme Glam remonta le bord de la rivière pour aller aider l'équipage à débarquer son poisson, ses lignes, ses cordes et ses autres *appelets*.

— Ohé ! Samuel, demanda la femme de Samuel Aubry, as-tu vu les gens de Pélagie ?

— Non.

— As-tu du poisson ?

— *Piè-che*.

— Encore une mauvaise pêche, dit la famille Aubry.

— Ohé ! Placide, as-tu rencontré les gens à Pélagie ?

— Je les ai vus de loin ; ils couraient des bordées dans l'est ; ils ne sont pas venus *cueillir* leurs cordes, qui étaient près des nôtres.

— As-tu du poisson ?

— Un peu.

Et huit bateaux entrèrent ainsi en rivière, où ils allèrent s'amarrer au bord, après avoir amené et serré leurs voiles, sans que personne donnât des nouvelles plus positives de Risque-Tout et de Césaire, si ce n'est qu'on les avait vus courir des bordées dans l'est, sans qu'on sût pourquoi. Pacôme, débarrassé de son poisson et de ses cordes, vint auprès de Pélagie, qui restait immobile, perçant l'horizon de ses regards.

— Dis donc, Pélagie, sais-tu pourquoi tes gens ne sont pas venus cueillir leurs cordes?

— Il s'agit bien de cordes, dit Pélagie; Onésime est parti hier soir avec le canot neuf, et il a emmené la petite Pulchérie, et on n'en a plus entendu parler. Mon homme est parti à leur recherche avec Césaire sur le vieux canot. Vous n'avez rien vu à la mer?... et, ajouta-t-elle en hésitant, pas de canot chaviré?

— Non; mais à quelle heure penses-tu qu'ils sont partis?

— Pendant que nous étions à la caudrée.

— La marée a dû les porter par l'est, et c'est par là aussi que Risque-Tout est allé les chercher; il sait son affaire.

— Et pourra-t-il revenir de cette marée? Je serai morte d'inquiétude si je dois passer la nuit sans nouvelles.

— Le vent remonte par le nord; il va passer au nord-est. S'il fraîchit un peu, tes gens pourront refouler la marée, qui commence à leur être contraire. Le vent doit être nord-est au large.

— Tiens, tiens, Pacôme! Et Pélagie saisit le bras de Pacôme d'un mouvement convulsif. Tiens, par le nord-est une voile vent arrière!

— Tu as l'œil comme le nez d'un chien de chasse. C'est, ma foi, vrai, et je ne l'avais pas vue.

Pélagie devint toute tremblante.

— Il n'y en a qu'une?

— Je n'en vois qu'une.

— Alors... ils n'ont pas retrouvé les enfants?

— Peut-être ont-ils l'autre canot à la remorque.

— Oh! non... Césaire serait dans un des deux; ils seraient tous deux à la voile.

Le jour à ce moment commençait à baisser. Tous les assistants, penchés en avant, cherchaient à distinguer le canot, qui évidemment essayait de revenir à Dive, protégé par le vent et repoussé par la marée. Quelques femmes et les marins rentrés dans la rivière, qui étaient venus à l'embouchure au lieu d'aller quitter leurs vêtements mouillés, parlaient bas pour ne pas être entendus de Pélagie.

L'un disait :

— C'est drôle... à la marche, ça n'a pas l'air d'être le vieux canot.

— Si c'était le neuf, ils y seraient tous les deux.

— C'est vrai.

— Pauvres gens! pauvres enfants!

M. et madame Malais faisaient quelques questions, mais on leur répondait à peine. On était habitué à considérer Pulchérie aussi bien qu'Onésime comme appartenant à Tranquille et à sa femme, et on ne s'occupait que de leur chagrin. Cependant le jour continuait à diminuer, la marée prenait de la force, et, si le canot gagnait du chemin, il n'en gagnait guère. Il vint un moment où l'on voyait plutôt sa marche et sa situation par l'écume blanche qui se brisait sous sa quille que par ce qu'on découvrait de lui-même, confondu qu'il était dans la brume et la nuit. Les pêcheurs continuaient à se communiquer leurs observations.

— Le voilà qui vire de bord.

— Comment! dit M. Malais, le canot s'éloigne?

— Il va revenir. S'il ne retournait pas dans le vent, il passerait devant la rivière sans pouvoir y entrer.

En effet, après avoir couru une bordée vent largue dans la direction d'Honfleur, il revint vent arrière, et cette fois on s'aperçut qu'il gagnait sur la marée. On ne tarda pas à entendre le bruit de l'eau qui se brisait avec force à cause de la résistance qu'opposait la marée. La nuit était venue.

— Décidément il n'y a qu'un canot.

Pélagie tomba à genoux sur le sable, les mains convulsivement serrées, en murmurant

— Oh! mon Dieu! oh! bonne sainte Vierge!

A ce moment, le canot à pleine voile entrait dans la rivière et passait rapidement devant le groupe rassemblé à l'embouchure. Tranquille Alain, que l'on voyait seul à l'arrière du canot, et qui tenait le gouvernail d'une main, s'écria d'une voix forte en passant :

— Sauvés tous les deux !

Alors Pélagie sentit son cœur se fondre, et, avec de grands sanglots, elle dit :

— Oh ! mon Dieu, merci ! Bonne sainte Vierge, merci !

Puis elle tomba sans mouvement sur la plage. Un des pêcheurs la porta dans le cabaret devant lequel Éloi et Tranquille avaient bu du cidre le matin. Quelques femmes se joignirent à la petite Bérénice pour lui donner des soins. Le reste du groupe alla en courant aider Risque-Tout à descendre.

— Prenez d'abord Pulchérie, dit-il, elle n'a pas d'avaries.

Madame Malais prit Pulchérie dans ses bras.

— Prenez maintenant le matelot, dit-il ; il a besoin d'un bon lit et d'un verre de cidre chaud. Il n'en mourra pas, mais il a été secoué.

Et il donna à un pêcheur Onésime enveloppé dans sa grosse veste à lui, et presque sans mouvement.

— Où est Césaire ?

— Césaire est à la mer où je vais le rejoindre ; je l'ai envoyé mouiller sur nos cordes avant la nuit, et je vais aller l'aider à les cueillir, quand j'aurai mangé un morceau, car les pauvres enfants ont mangé une bonne partie de nos provisions, et j'ai laissé le reste à Césaire.

Pélagie était revenue à elle; elle accourut, arracha Pulchérie des bras de madame Malais, la réunit dans les siens avec Onésime, puis, voyant l'état dans lequel était le pauvre enfant, elle rendit Pulchérie à madame Malais.

— Parle-moi donc, mon petit homme; parle à ta mère, mon cher petit Onésime. Mais qu'a-t-il donc, Tranquille? est-il blessé?

— Non, le pauvre petit a eu froid; quand il s'était vu dériver malgré lui, il avait amené la voile et il avait jeté l'ancre; il a passé toute la nuit à l'ancre, mais il avait entouré la petite Pulchérie de ses habits et de la voile; elle était chaudement enveloppée. Quant à lui, lorsque j'ai abordé le canot, je l'ai cru mort; il était à peu près nu et sans connaissance; je ne l'ai ranimé qu'en lui faisant avaler un peu de genièvre et en l'en frottant partout; une heure plus tard, je ne l'aurais pas trouvé vivant. Il avait mis son mouchoir au haut du mât, c'est ce qui m'a fait le découvrir. Ils avaient voulu essayer le canot neuf.

Tout en parlant ainsi, on marchait. Pélagie n'avait voulu laisser à personne le soin de porter Onésime; arrivée à sa maison, elle le donna à son mari et tomba par terre épuisée de fatigue. On mit Onésime dans un lit, on lui fit avaler un verre de cidre chaud, mais on ne put tirer de lui une seule parole;

il finit par s'endormir, et quelques gouttes de sueur parurent sur son front.

— Le voilà sauvé, dit Risque-Tout ; je vais profiter du reste de la marée pour rejoindre Césaire.

Il alluma sa pipe, serra la main de Pélagie et se mit en route. Quelques pêcheurs allèrent l'aider à s'embarquer ; les autres rentrèrent chez eux pour prendre quelques heures de repos, car, avant le départ, il leur fallait amorcer leurs lignes le lendemain matin. Madame Malais embrassa Pulchérie et lui dit :

— A demain, chère petite ; je viendrai te voir demain.

Elle donna aussi un baiser sur le front à Onésime, qui dormait, puis elle quitta la maison pour retourner à Beuzeval.

III

Le lendemain, on vint chercher Pulchérie. Pélagie pleura beaucoup en se séparant de l'enfant, qui, de son côté, versa d'abondantes larmes. Onésime était au lit avec la fièvre et un peu de délire. Madame Malais promit que Pulchérie viendrait voir quelquefois sa nourrice, laquelle serait toujours bien reçue au château, ainsi que ses enfants. On enverrait prendre des nouvelles d'Onésime, qui, par son imprudence, avait failli causer un grand malheur, mais qui l'avait réparé par la générosité d'un dévouement qui aurait pu lui coûter la vie.

— Que dit-on de ce que nous avons repris la petite Pulchérie? demanda quelques jours après M. Malais à sa femme.

— On pourrait plutôt parler de ce que nous ne l'avons pas prise ici plus tôt, répondit madame Malais.

— J'ai reçu la réponse de M. le grand chancelier de la Légion d'honneur, ajouta M. Malais. Il me dit que l'objet de ma demande est tout simplement un droit, que Pulchérie, fille d'un officier supérieur membre de la Légion d'honneur, entre de plein droit à la maison royale de Saint-Denis pour y faire son éducation ; mais il m'avertit que les règlements prescrivent un âge : c'est de sept à douze ans, et Pulchérie doit avoir quelque chose comme onze ans. De plus, il faut déjà, je pense, savoir quelque petite chose.

— Je suis un peu fâchée de me séparer de cette pauvre enfant.

— On ne peut renoncer à l'honneur de la faire élever à la maison royale de Saint-Denis; cela sera d'un excellent effet quand il sera question de la marier. Je pense qu'il serait bon de lui faire donner des leçons par le clerc de Dive, qui viendrait ici après sa classe. On ne peut qu'approuver que mademoiselle Pulchérie Malais, fille d'un officier supérieur membre de la Légion d'honneur, nièce et unique héritière de M. Malais de Beuzeval, n'aille pas à l'école avec toute la marmaille du village. Et que dit la petite?

— La petite a d'abord été enchantée de sa belle chambre, et de ses belles robes, et de la table bien servie; mais maintenant elle veut voir Bérénice et Onésime, et la bonne femme qu'elle s'obstine à appeler maman Alain. Le petit Onésime est encore malade, et j'ai permis à Pulchérie d'aller le voir.

En effet, Pulchérie tomba en entrant dans les bras de Pélagie; Onésime était levé, mais il était encore faible et pâle; Bérénice faisait de la dentelle auprès de son frère.

— Ah! voilà Pulchérie! s'écria-t-elle.

Elle mit la dentelle de côté. La couleur revint aux joues d'Onésime.

— Eh bien! vas-tu mieux, Onésime?

— Oui, Pulchérie. Viens-tu pour rester avec nous? La maison est bien triste et bien abandonnée depuis que tu es partie. Est-ce que tu es mieux qu'ici à Beuzeval? On est loin de la mer d'abord, et puis avec qui joues-tu?

— Je ne joue pas du tout. Il y a bien un grand bassin dans le jardin, mais personne ne sait gréer de petits bateaux pour les faire voguer dessus, et... je *m'ennuie* de vous autres...

— Et nous donc! nous parlons de toi toute la journée. Je disais ce matin à Bérénice : « Dis donc, Bérénice, est-ce que Pulchérie ne pense plus à nous? » Bérénice disait que si.

— Comme tu as une belle robe! dit Bérénice.

— Je viens seulement pour vous voir et savoir comment se porte le pauvre Onésime. Il faut que je m'en retourne bien vite. Maman Dorothée a dit...

— Comment! s'écria Onésime, tu n'as plus la même maman que nous à présent?

— J'en ai deux : maman Pélagie et maman Dorothée.

— Mais madame Malais n'est pas ta mère, elle est ta tante.

— Mais maman Pélagie non plus.

— Ah bien! voilà que maman Pélagie n'est plus sa mère! Je ne suis plus ton frère alors, et Bérénice n'est plus ta sœur?

— Madame Malais veut que je l'appelle maman, et elle est très-bonne pour moi. On ne veut plus que je dise maman Alain, mais je le dis tout de même. Tenez, voilà de bonnes choses que je vous ai apportées.

Et elle leur donna plein un panier de gâteaux et de friandises.

— Dis donc, Onésime, maman Dorothée a dit que, quand tu irais mieux, tu viendrais passer une semaine avec Bérénice au château.

— Je vais bien.
— A-t-elle dit cela en effet? dit Pélagie.
— Oui, maman Alain, elle l'a dit.

La servante qui accompagnait Pulchérie confirma la chose.

— Eh bien! dit Pélagie, j'en suis bien reconnaissante, et cela consolera un peu ces pauvres enfants. Si madame Malais veut bien le permettre, je les conduirai dimanche.

— A présent, je vais m'en aller, dit Pulchérie.

— Attends un peu que je te grée un bateau pour faire voguer sur ton bassin. On doit bien s'ennuyer quand on n'a pas de bateau.

— Ah! oui, va! mais je ne peux pas attendre; on nous a dit de revenir tout de suite.

— Eh bien! je te le porterai dimanche. Je vais te gréer à neuf mon plus beau.

— Le sloop?

— Non; le cutter, celui qui est là-haut sur l'armoire.

— Nous allons bien nous amuser dimanche!

— Et toute la semaine.

— Adieu, Bérénice; adieu, Onésime; adieu, maman Alain. Papa Alain est à la mer avec Césaire?

— Oui, et ils ne reviendront que cette nuit. Adieu, Pulchérie, à dimanche!

— A dimanche!

Le dimanche arriva; Pélagie mena les deux

enfants au château de Beuzeval. Elle portait dans un panier un beau turbot que Risque-Tout avait pris pendant la nuit. Onésime portait son cutter, avec le gréement neuf. Césaire et son père les suivirent jusqu'à la grille. Ils n'osaient pas entrer, mais Pélagie devait amener Pulchérie jusqu'à la porte pour qu'ils pussent l'embrasser. M. et madame Malais les reçurent d'un air de protection, mais avec une suffisante affabilité. On voulut que Pélagie restât à dîner ; elle refusa en disant :

— Il faut que je retourne faire la cuisine à nos gens. Je vous prierai seulement, madame, de permettre que Pulchérie vienne jusqu'à la grille, à cause que Tranquille et Césaire meurent d'envie de la voir.

M. et madame Malais se consultèrent du regard, après quoi M. Malais dit :

— Allez leur dire, ma bonne femme, allez leur dire que je les invite à dîner avec vous et avec les enfants.

— Ils n'oseront jamais.

— Je vais le leur dire moi-même.

Quand M. Malais arriva à la porte, il trouva Pulchérie dans les bras de Risque-Tout et de Césaire. Aussitôt qu'elle avait appris qu'ils étaient si près d'elle, elle avait couru à eux, sans attendre les réflexions ni la réponse de M. Malais. Un autre personnage se trouvait également à la grille : c'était Éloi Alain le meunier, qui les avait rencontrés en passant par là, et qui les attendait pour redescendre avec eux à son moulin et de là à Dive. M. Malais fit son invitation.

— Ah! oui, papa Alain, et toi, Césaire, venez! dit Pulchérie en les entraînant.

— Ça ne se peut pas, M. Malais, bien merci de votre honnêteté; mais voici le cousin Éloi que je viens d'inviter à manger notre soupe à Dive, et qui attend Pélagie pour que nous redescendions tous ensemble.

M. Malais n'aimait pas excessivement le meunier; mais sa faiblesse à l'égard de l'opinion publique, dont il était sans cesse préoccupé, faisait qu'il s'inquiétait assez de la froideur habituelle d'Éloi à son égard. Il profita de l'occasion pour l'engager à dîner avec les autres. Éloi hésita un moment; puis, voyant qu'il ferait perdre un bon dîner à ses cousins, et que lui-même en ferait un bien meilleur au château qu'à Dive, il céda d'assez bonne grâce. Éloi Alain était plus embarrassant que les autres; il était riche, et était considéré dans le pays comme une espèce de monsieur. Ses opinions avaient une grande influence, et M. Malais n'aurait pas été fâché d'être bien avec lui. Malheureusement la vanité obstruait le peu de bon sens que la nature avait accordé au maître et à la maîtresse de Beuzeval. Pour faire plus d'honneur à leurs hôtes, et aussi dans l'espoir de les stupéfier d'admiration, ils couvrirent la table de toute leur argenterie. Madame Malais mit sa belle robe à la mode de la ville qu'elle avait fait faire à Paris douze ans auparavant, et sur laquelle, depuis ce temps, elle avait fait tailler toutes ses robes, pensant que la mode de la ville, en tout, était comme la mode de certaines localités. Ainsi un bonnet à la mode du pays de Caux ne change jamais, pas plus qu'un bonnet à la mode de Carentan. Elle avait la conscience d'être vêtue à la mode de la ville avec cette robe qu'elle avait fait faire sous l'empire et qu'elle portait encore sous la restauration, époque à laquelle se passe notre histoire.

Le meunier était envieux et avait d'ailleurs d'anciens griefs contre la famille Malais. Devant ce luxe inusité, il lui semblait à lui-même qu'il n'était peut-être pas aussi riche qu'il se plaisait à le croire, et qu'il n'était pas l'égal des Malais. Aussi, avec la ruse du paysan normand, il ne négligea rien pour froisser ses hôtes, tout en ayant l'air de vouloir leur être agréable. Il ne trouva rien de mieux que de parler beaucoup d'une famille dont les Malais n'étaient pas très-fiers d'être issus.

— Il y avait, dit Éloi, votre grand-père, Malais le marchand de bœufs, qui était de Dive; il avait un fameux bidet, et il faut dire qu'il était, lui, un fameux cavalier. Il est allé une fois pour acheter des bœufs de Dive en Poitou; il a fait cette fois-là quatre-vingt-quatre lieues sans débrider. C'était un maître homme! Le bidet était gris pommelé, un modèle de cheval!

Madame Malais prit un air distrait, M. Malais versa à boire; mais Éloi, voyant que le coup avait porté, continua :

— Je ne l'ai pas connu; mais tout le monde se le rappelle dans le pays. Quand on veut parler d'un bon cavalier, d'un homme qui boit dur et qui ne boude pas à la fatigue, on ne manque jamais de dire : « C'est comme Malais de Dive. » Si l'on veut dire qu'un homme fait bien ses affaires, on dit encore : « Ce gas-là, ce sera comme Malais de Dive; il laissera à ses enfants de quoi ne rien faire, et ses petits-enfants auront un château. » Tout le monde connaît Malais le marchand de bœufs, jusqu'aux petits enfants.

Madame Malais réussit à détourner la conversation en parlant de pêche à Risque-Tout, qui coupa alors la parole à son cousin; mais cela ne put durer longtemps, parce que, Risque-Tout en étant venu à parler des douaniers qui lui avaient pris un petit baril de tafia qu'il avait trouvé à la mer, Éloi reprit la parole et dit :

— Écoute-moi, Tranquille. Il ne faut pas parler des douaniers devant M. et madame Malais; ça peut leur faire de la peine. Ils ont eu un oncle qui était douanier et pas grand'-chose avec; c'était le propre fils de Malais le marchand de bestiaux. On n'est pas responsable des fautes des autres. Malais le douanier était un gredin; ça n'empêche pas que Malais de Dive, le marchand de bœufs, était un honnête homme et un brave homme qui a laissé de quoi à sa famille ; ça n'empêche pas que le père de M. Malais, ici présent, était un homme qui vendait peut-être son argent un peu cher, mais qui pourtant n'a jamais eu rien avec la justice.

M. Malais se hâta encore de verser à boire et de remplir le verre du meunier ; mais ce verre de vin ne servit qu'à augmenter la loquacité d'Éloi Alain, qui avait déjà beaucoup bu, et lui fournit une transition pour continuer.

— Je veux, dit-il, que ce verre de vin, que je bois à la santé de M. Malais et de madame Malais, me serve de poison si j'ai pu voir un douanier depuis ce temps-là. Faut vous dire qu'étant jeune homme (vous étiez encore enfant, vous, M. Malais), j'ai fait un peu de contrebande. Honnête homme toujours, n'ayant pas ça à personne ; mais la contrebande, c'est prendre de l'argent au gouvernement, et prendre l'argent du gouvernement, c'est pas voler, tout le monde sait ça. Voilà donc que Malais le douanier, le propre fils de Malais le marchand de bœufs, et le frère de Malais le marchand d'argent, père de M. Malais qui nous régale ; voilà qu'il me dit : « — Dis donc, Éloi, on dit comme ça que tu fais de bons coups ! » Je le connaissais d'enfance ; je ne me défiais pas plus de lui que de Tranquille Alain. Voilà que de paroles en paroles je lui dis un matin, en buvant un coup de cidre :

« — Écoute, veux-tu en être? — Oui, » qu'il me dit. « — C'est bon, je suis ton homme. — Je suis le tien. » Faut vous dire que c'était du tabac, et qu'un petit cutter anglais devait venir nous l'apporter à une lieue et demie du côté de Caen. La chose s'exécuta on ne peut mieux, sinon que, quand nous en vînmes à débarquer, il se trouva que Malais le douanier, au lieu de nous aider, nous avait dénoncés, qu'on nous tomba dessus, et qu'on saisit toute la pacotille. Moi et deux autres que je n'ai pas besoin de nommer, nous eûmes trois mois de prison chacun, et Malais eut, les uns disent le tiers, les autres disent la moitié de la prise; j'ai eu, moi, la consolation de lui donner une maîtresse raclée ; mais c'est égal, c'est toujours là : jamais je n'oublierai Malais le douanier. Monsieur et madame, à votre santé et à celle de tous les honnêtes gens !

Les maîtres de Beuzeval furent extraordinairement soulagés quand le dîner fut fini ; lorsque les convives partirent, on ne songea pas à les engager à revenir, loin de là.

Madame Malais dit à Pélagie :

— Pélagie, vous savez que vos deux enfants passent la semaine avec Pulchérie. Je vous les renverrai dimanche soir.

Quand ils furent seuls, M. et madame Malais se plaignirent de l'ennuyeuse journée qu'ils avaient passée.

— Voyez un peu s'ils se sont seulement aperçus de la beauté de notre argenterie ! C'est bien fâcheux de n'avoir personne *de comme il faut* à voir ; à quoi nous sert notre château, et notre mobilier en acajou, et notre argenterie ? Que le ciel nous donne un gendre digne de Pulchérie, et nous pourrons dire que nous commencerons à vivre. Pulchérie va avoir douze ans ; quand elle aura passé quatre ans dans la maison royale de Saint-Denis, elle aura seize ans ; je n'avais guère plus quand nous nous sommes mariés. A propos de Pulchérie, il faudra que je lui parle sérieusement ; elle est accoutumée à tutoyer les enfants de Pélagie, qui la tutoient aussi. Il semblerait vraiment, à les voir jouer ensemble, que ce soient des enfants de la même classe. Il faut que tout cela ait un terme.

— Écoute, Dorothée, encore un peu de patience, ça pourrait paraître drôle ; on dirait que nous faisons de l'embarras... que ne dirait-on pas ! Pulchérie va bientôt partir ; quand elle reviendra aux vacances, elle aura passé un an dans la maison royale de Saint-Denis, ce sera une demoiselle ; il sera temps alors de lui apprendre à se conduire, et d'ailleurs les petits Alain n'oseront plus la tutoyer. Il faut prendre garde à ce qu'on dirait.

Les enfants passèrent ces huit jours dans une joie sans mélange, si ce n'est que, le quatrième jour, Onésime finit par dire :

— Tiens, Pulchérie, je m'ennuie beaucoup quand je ne te vois pas, mais je m'ennuie aussi quand je ne vois pas la mer. Je voudrais aller à la pêche avec mon père tous les jours et te retrouver à la maison quand je reviendrais manger la soupe ; mais je ne m'habituerais pas à être toujours dans un jardin.

La veille du départ, il dit :

— Si nous allions nous promener un peu dehors ?

Les trois enfants tombèrent bien vite d'accord, et, comme ils étaient à l'extrémité du jardin, ils pensèrent qu'ils auraient plus tôt fait de franchir une petite haie qui les séparait de la campagne que d'aller chercher la porte. Les deux filles n'eurent besoin que de très-peu d'aide pour imiter Onésime, et ils se trouvèrent dans les prés qui bordent la rivière de Beuzeval. Cette petite rivière, d'une limpidité merveilleuse, gazouille sur le sable entre des rives fleuries, sous les peupliers et les aunes ; on voyait encore en fleur quelques roses sauvages et quelques chèvrefeuilles qui grimpaient après les saules et retombaient sur l'eau en guirlandes parfumées. Les reines des prés n'étaient plus en fleur, non plus que les coquelourdes roses, qui sont très-abondantes sur ces bords ; mais les myosotis, les *ne m'oubliez pas* aux petits épis bleu de ciel, fleurissaient le pied dans l'eau. Les trois enfants s'assirent à l'ombre d'un gros vieux saule creux, et causèrent de leurs petits intérêts.

— Tu vas donc partir, Pulchérie? dit Onésime.

— Oui, je vais aller à l'école dans une maison où sont les filles de tous les officiers décorés... comme mon père.

— Resteras-tu longtemps?

— A peu près quatre ans, à ce qu'on dit.

— Nous serons quatre ans sans nous voir?

— Oh! non... je viendrai tous les ans passer un mois ici.

— Pourquoi est-ce donc qu'on t'envoie si loin, Pulchérie? Est-ce que le clerc ne pourrait pas t'apprendre tout au monde?

— Il paraît que non.

— Est-ce qu'on veut que tu sois maîtresse d'école et que tu remplaces la mère Buchard?

— Je ne sais pas.

— Dans quatre ans, nous serons grands tous les trois, dit Bérénice, qu'est-ce que nous ferons dans quatre ans?

— Je ne sais pas ce que nous ferons, dit Onésime, mais je sais bien ce que je voudrais faire; je voudrais avoir un grand bateau à commander pour aller aux harengs et aux maquereaux, être bien gréé de lignes et d'appelets de tous genres, et puis demeurer avec vous deux, qui me feriez de bonne soupe.

— Moi, dit Pulchérie, je voudrais être belle, belle, et bien habillée avec des robes de soie, comme maman Dorothée, et avoir une belle voiture avec un beau cheval, comme a M. Malais, et puis épouser un beau prince.

— Comment! épouser un prince! s'écria Onésime. Et ma soupe? Qui est-ce qui fera ma soupe pour quand je reviendrai de la mer?

— C'est toi qui serais le prince : nous aurions une servante pour faire la soupe, nous mangerions de la soupe à la viande tous les jours; tu n'irais à la mer que quand il ferait beau temps; tu aurais toujours un chapeau et un habit bleu, comme M. Malais. Et toi, Bérénice, qu'est-ce que tu voudrais?

— Moi, je voudrais savoir bien, bien faire la dentelle et gagner quinze sous par jour.

— Et qui est-ce qui sera ton mari, à toi?

— Onésime sera notre mari à toutes deux.

— Tu vas donc tout apprendre là-bas, Pulchérie? dit Onésime.

— Tout au monde, à ce qu'on dit.

— A écrire aussi?

— Il paraît que oui.

— Alors tu nous écriras?

— Bien sûr, sitôt que je saurai; j'apprends avec le clerc, et je sais déjà un peu.

— Eh bien! alors Bérénice va se mettre à apprendre à lire pour pouvoir me lire tes lettres, parce que moi je ne pourrai jamais;

il faut que j'aille à la mer et que j'apprenne bien mon état.

— Je vais apprendre à bien lire et aussi à écrire, dit Bérénice, pour te donner de nos nouvelles et te dire ce qui se passera ici, car tu ne nous oublieras pas là-bas ?

— Il n'y a pas de danger. Vous ne m'oublierez pas non plus, vous deux ?

Les trois enfants s'embrassèrent.

— Écoute, dit Bérénice, il faudra, quand tu viendras tous les ans, que nous venions ici où nous sommes... A quelle époque est-ce que tu reviendras ?

— A peu près à cette époque-ci.

— Eh bien ! nous ne serons pas fâchés de retrouver l'ombre du vieux saule; nous viendrons nous asseoir ensemble là où nous sommes; nous nous dirons que nous nous aimons toujours bien, et nous nous raconterons tout ce que nous aurons fait. Si je savais écrire, je sais bien ce que je ferais.

— Que ferais-tu, Bérénice ?

— J'écrirais nos trois noms sur l'écorce du vieux saule.

— Moi je saurais bien les écrire, si j'avais un couteau. Donne-moi ton couteau, Onésime.

Pulchérie prit le couteau d'Onésime, et, après de grandes dissertations, il fut convenu qu'on ne mettrait que les premières lettres de chaque nom. Pulchérie mit au moins une heure à inscrire sur le tronc du saule B. — O. — P.

Il était à peu près l'heure du dîner ; les trois enfants s'embrassèrent encore, se promirent de s'aimer toujours, de s'écrire souvent, et de revenir ensemble tous les ans sous le saule sur lequel ils avaient inscrit leurs noms ; puis ils rentrèrent à la maison. On les avait cherchés, on les gronda ; mais ils s'en souciérent peu. Le lendemain, Pulchérie, accompagnée d'une servante, reconduisit ses amis à Dive. La mère Pélagie avait préparé du lait caillé pour Pulchérie, qui fut surprise de ne pas le trouver aussi bon que d'ordinaire ; la cuisine du château avait déjà détruit la saveur de ses régals d'autrefois.

Bérénice et Onésime continuèrent à aller voir Pulchérie le dimanche ; mais l'hiver arriva, et il n'y eut plus de promenades dans la campagne. Bérénice allait quelquefois seule dans la semaine passer une heure avec Pulchérie, par laquelle elle se faisait donner des leçons de lecture et d'écriture pour corroborer celles du clerc qu'elle prenait à peu près tous les jours, attendu qu'Onésime persistait dans l'idée que c'était assez que sa sœur pût lui lire les lettres de Pulchérie, et qu'il n'avait aucun besoin d'être si savant lui-même. Enfin arriva le jour où Pulchérie devait partir pour Paris et Saint-Denis. On pleura en se séparant. M. Malais alla avec sa voiture jusqu'à Honfleur ; de Honfleur on passa au Havre, où l'on prit la diligence de

Paris. Bérénice, en embrassant Pulchérie, lui dit :

— Pense au vieux saule de Beuzeval.

IV

Pendant assez longtemps, Dive fut désert pour les deux enfants. Ils n'étaient contents que lorsqu'ils étaient seuls ensemble, parce qu'alors ils parlaient de Pulchérie et des espérances prochaines, et de leurs projets pour quand ils seraient grands. Cependant Onésime devenait marin à mesure que ses forces augmentaient ; il avait une audace à toute épreuve, et on disait qu'il était *chanceux* à la pêche. Bérénice, tout en faisant dans l'art de la dentelle des progrès qui annonçaient que ses vœux de gagner quinze sous par jour seraient sans doute les premiers accomplis de ceux qui s'étaient faits sous le saule, commençait aussi à lire et à écrire passablement.

Quinze jours après le départ de Pulchérie, M. Malais, qui l'avait conduite à Saint-Denis, rencontra, par hasard, Bérénice et lui dit :

— Nous sommes arrivés à bon port. Pulchérie est installée à la maison *royale* de

Saint-Denis ; elle m'avait bien recommandé d'aller vous le dire, mais je n'ai pas eu le temps.

Pulchérie Malais à Bérénice Alain.

« Saint-Denis.

« Ma chère Bérénice,

« Tout est tellement changé autour de moi, que je me demande si je rêve, ou si je suis moi-même. Figure-toi d'abord que je ne m'appelle plus Pulchérie, mais Pulkérie ; qu'il n'y a pas de mer ici, et que je ne sors jamais d'une grande maison dans laquelle il y a trois ou quatre cents jeunes filles. J'ai été deux mois sans t'écrire, parce que j'étais tellement étourdie de tout ce qui m'entourait, que je n'aurais pu trouver de mots pour te dire des choses toutes différentes de ce que nous connaissons. Nous sommes toutes habillées de même : des robes noires, des chapeaux de paille noire, des bas de coton bleu l'été, dit-on, et l'hiver des bas de laine grise ; on tient tant à ce que nous soyons absolument la même chose, que j'ai été grondée l'autre jour parce que j'avais une fleur à ma ceinture ; une élève, à laquelle on en avait apporté en cachette, me l'avait donnée, et je n'avais pas remarqué qu'elle cachait les siennes. Nous sommes toutes coiffées de même ;

les cheveux séparés sur le front et en bandeaux ; on serait sévèrement punie si on bouclait ses cheveux. On est divisé par classes comme chez M. Épiphane Garandin, le clerc de Dive. Les élèves des différentes classes sont distinguées par la couleur de leur ceinture ; ainsi j'ai, moi, une ceinture bleue avec un liséré blanc. Tous les six mois, celles qui ont bien travaillé changent de ceinture pour passer dans une classe plus élevée. Voici dans quel ordre sont placées les ceintures, tu verras que j'ai été jugée assez savante pour ne pas commencer au commencement :

« Verte avec un liséré blanc, verte unie, violette lisérée de blanc, violette unie, aurore lisérée, aurore unie, bleue lisérée, bleue unie, nacarate lisérée, nacarate unie, blanche lisérée de nacarat, blanche unie. Et puis il y a les blanches nouvelles et les blanches anciennes; mais ce sont de grandes demoiselles. La classe de perfectionnement a une ceinture rayée de toutes les couleurs des autres classes. Nous avons deux dames pour chaque classe : une dame surveillante et une dame institutrice. Elles portent la croix d'honneur sur la poitrine.

. . . .

« Figure-toi que j'ai déjà été punie et que j'ai fait connaissance avec mademoiselle Sophie. Mademoiselle Sophie est une dame noire, c'est-à-dire une dame d'un ordre inférieur, qui ne porte pas la croix d'honneur; elle préside à la salle de correction. A cette salle, on ne suit plus le cours des études ; on ourle des torchons ou on fait quelques gros ouvrages. Mademoiselle Sophie, sans être méchante, est un peu bourrue; cependant elle aime les élèves qu'elle voit le plus souvent, ce qui fait que ce sont les plus méchantes qui obtiennent son affection.

« Nous nous levons à six heures, à la lumière, et nous entendons la messe tous les jours dans une chapelle qui appartient à la maison. L'été, nous nous levons à cinq heures et demie, à ce que m'a dit une nacarate unie, qui cause quelquefois avec moi sous les tilleuls de la promenade où nous avons notre récréation.

« J'ai été punie et mise chez mademoiselle Sophie pour un bien petit crime. Figure-toi que je voulais parler à *ma réciproque*, la nacarate unie, c'est ainsi qu'on appelle l'élève qu'on aime le mieux, quand elle vous aime aussi, parce que quelquefois on en aime qui ne vous aiment pas, ou qui ont une autre *réciproque*. Alors on tâche de s'en faire aimer par toute sorte de petits soins et de prévenances. On dit alors qu'on court après telle ou telle, c'est-à-dire qu'on tâche de la rencontrer et de lui parler. C'est surtout quand il s'agit d'une plus âgée et d'une plus savante, qui méprise souvent les petites. Je voulais donc parler à *ma réciproque*, et nous nous étions donné rendez-vous dans un couloir. Pour ne pas être reconnue et arrêtée, j'avais dérobé le manteau et le chapeau d'une dame surveillante qui est très-petite. Je marchais assez bien comme elle, et je me tenais droite pour me hausser un peu, car elle est encore plus grande que moi. A peine étais-je sortie de la classe que je rencontre... qui?... la terrible madame Charton. Madame Charton est l'inspectrice de la maison, et personne n'est aussi redouté qu'elle. Je devins toute tremblante. Cependant j'eus la force de lui faire une révérence qu'elle me rendit; mais, tout en continuant mon chemin sans me retourner, je sentais que ses yeux me suivaient et qu'elle ne croyait qu'à moitié avoir rencontré madame ***. Je rencontrai pourtant la nacarate unie, mais je lui dis :

« — Rentre dans ta classe ; j'ai rencontré « madame Charton, je suis perdue.

« — Est-ce qu'elle t'a reconnue ? » me demanda Marie.

« — Pas tout à fait; mais c'est égal, j'ai « bien peur.

« — Alors, adieu.

« — Adieu.

« Je ne m'étais pas trompée; madame Charton m'attendait au passage. Après quelques compliments ironiques, elle me condamna à passer trois jours chez mademoiselle Sophie.

« Je pense bien souvent à mes amis de

Dive ; il est très-heureux pour moi d'avoir rencontré Marie, qui m'aime beaucoup et que j'aime presque autant que toi. Tu la connaîtras un jour. Quand elle sera grande, elle viendra à Dive. C'est elle qui m'a sauvé l'ennui du premier temps. Elle dit que je lui ai plu tout de suite, et elle m'a montré sur un mur des mots qu'elle avait écrits dès le lendemain de mon arrivée. Nous sommes souvent désignées par nos numéros, et, au milieu de plusieurs inscriptions du même genre, elle m'a montré : 153,—je t'aime ;— signé 264. J'ai écrit au-dessous : - 153 partage l'amitié de 264.

« Il y a une chose assez triste pour moi : le jeudi et le dimanche, vers deux heures, de petites bonnes viennent apporter aux dames la liste des élèves demandées au parloir par leurs parents ou certains amis de leur famille. Jamais personne ne me demande, jamais je ne vois personne du dehors. Marie, que l'on vient voir tous les jeudis, partage avec moi tout ce qu'on lui apporte, mais néanmoins c'est fort triste. J'envoie cette lettre à maman Dorothée, qui te la fera remettre ; donne-lui ta réponse.

« Adieu ; je t'embrasse, ainsi qu'Onésime, Césaire, papa et maman Alain. J'espère que vous vous portez tous bien.

« PULCHÉRIE MALAIS. »

Bérénice Alain à Pulchérie Malais.

« MA CHÈRE PULCHÉRIE,

« Ne va pas aimer Marie plus que moi, ni même autant ; surtout ne lui montre pas ma lettre, qui va être mal écrite et pleine de fautes. J'apprends de mon mieux, et maître Épiphane est content de moi. J'ai lu ta lettre à la maison. Tout le monde a été bien content de ton souvenir, et tout le monde t'embrasse de bien bon cœur. Onésime dit qu'il n'aime pas ta *réciproque*, et que tu es bien pressée de faire de nouvelles amitiés. Moi, au contraire, je suis très-satisfaite que tu aies trouvé une amie tout de suite, sans cela nous t'aurions manqué comme tu nous manques. Nous ne sommes pas heureux cet hiver, la mer est presque toujours en colère. Voilà quinze jours que papa, Césaire et Onésime n'y ont mis le pied. Onésime maintenant est tout à fait marin ; il va à la mer tous les jours, quand on y va. La pêche du hareng avait été assez bonne, mais les petits canots ne font rien ; aussi Césaire parle-t-il d'aller à la pêche de la baleine ou de la morue. Ce sont des pêches bien longues et bien dangereuses, surtout celle de la baleine, et maman pleure chaque fois qu'il en parle. Cependant il a l'air bien décidé, et je crois qu'il finira par là. Tout le monde se plaint ; cependant jusqu'ici Dieu nous a fait la grâce de ne pas manquer de pain. En travaillant bien, je gagne huit sous par jour à la dentelle; ce n'est pas grand'chose, mais cela aide toujours un peu, et je suis bien heureuse d'apporter quelque chose à la maison. Si la mer continue à être aussi dure, papa dit qu'il ira travailler à la terre dans la campagne; mais on voit que cela l'attriste fort : les marins n'aiment pas quitter la mer; nous prions Dieu, et nous attendons. Le cousin Éloi, qui avait prêté de l'argent pour le canot, ton filleul, n'a pu être payé; il s'est fâché, et j'ai entendu dire à papa qu'il en coûtait très-cher pour le faire attendre. Il va revenir demain, et on ne pourra pas encore le payer; mais Dieu ne nous abandonnera pas, nos gens ne sont pas paresseux et sont grands pêcheurs. La mer a, à ce que dit papa, des poissons à eux qu'il faudra bien qu'elle leur donne.

« Je te dis tout cela, parce que, quoique tu ne t'appelles pas comme nous, tu es de la famille. Cependant ne te tourmente pas à cause de nous; le vent, qui se tenait au *suroué* depuis quinze jours au moins, semble en ce moment même remonter tout doucement au *sué* [1]; peut-être nous serons riches quand tu recevras cette lettre.

« Nous parlons beaucoup de toi. L'autre dimanche, comme il pleuvait, nous avons

---

[1] Sud-ouest, sud-est.

pris l'almanach, nous deux Onésime, et nous avons compté combien de jours il y avait encore à attendre ce que tu appelles les vacances, pour te revoir ici ; il y en avait encore deux cent quatre-vingt-dix-huit ! Tous les soirs, avec Onésime, nous effaçons le jour qui vient de se passer ; ainsi, quand nous aurons effacé celui-ci, cela ne fera plus que deux cent quatre-vingt-quatorze. C'est bien long, mais enfin cela arrivera. Surtout ne montre pas, je t'en prie encore, ma lettre à Marie. Je la regarde, et je suis effrayée de la voir si mal écrite. Tu écris, toi, déjà bien mieux que quand tu es partie. Je ne serai jamais aussi savante que toi, mais je veux ne pas te faire honte quand je t'écrirai. Adieu, ma chère Pulchérie. Qu'est-ce que c'est donc que *nacarat?* Personne dans la maison ne peut me dire ce que c'est. Nous t'embrassons tous de bon cœur. Maman dit qu'elle espère que tu es toujours sa fille, mais qu'en tout cas elle sera toujours ta mère.

« Bérénice. »

V

Où Éloi Alain se manifeste.

Comme Bérénice l'annonçait à Pulchérie, le vent remonta doucement au sud-est, et la mer se calma, mais en conservant encore un lent balancement tout d'une pièce, suite de l'agitation qu'elle avait éprouvée. Risque-Tout et ses enfants n'attendirent pas que le beau temps fût tout à fait décidé pour pousser le canot à la mer. Deux ou trois autres pêcheurs suivirent leur exemple. Comme à la fin du jour les bateaux paraissaient à l'horizon, Éloi Alain descendit de Beuzeval, et vint attendre les bateaux sur la plage. On avait pris un peu de merlans. Onésime était fier, parce que c'était sur sa ligne que presque tout le poisson s'était jeté.

Risque-Tout, qui était parti le matin un peu prématurément, sans attendre que l'accalmie fût tout à fait assurée, eut un sentiment de crainte et d'embarras quand il aperçut le meunier.

— Avez-vous quelque chose? demanda celui-ci.

— Un peu de merlans. Viens-tu en manger avec nous?

Éloi ne répondit pas; mais quand on eut tiré du canot les lignes et le poisson, et qu'on l'eut lavé, quand on eut halé le bateau sur la grève, il suivit les trois pêcheurs chez eux. Pélagie fut également inquiète en voyant Éloi; elle lui demanda, comme avait fait Tranquille, s'il voulait manger un merlan, à quoi il répondit :

— Pour ne pas vous refuser.

Puis, comme on changeait les poissons de manne, il en garda longtemps deux dans les mains en disant : « Voilà de beaux merlans, deux merlans tout à fait beaux, » jusqu'à ce que Pélagie lui eût dit :

— Vous les emporterez avec vous, cousin.

Éloi ne répondit rien; on se mit à table; il trouva le cidre pas trop bon, ce qui ne l'empêcha pas d'en boire beaucoup.

— Ah çà! Tranquille, finit-il par dire, c'est aujourd'hui que tu dois me payer les cent vingt écus que je t'ai prêtés.

Ni l'intrépide Risque-Tout, ni personne de la famille n'osa faire remarquer qu'il n'avait pas été prêté cent vingt écus, mais seulement cent écus, pour lesquels on devait en rendre cent vingt.

— C'est vrai, dit Tranquille Alain, c'est vrai; mais la raison qui fait que je ne pouvais pas te payer l'autre jour fait qu'il ne peut pas encore en être question aujourd'hui ; il n'y a que d'aujourd'hui qu'on a pu retourner à la mer.

— Ça me gêne bien, ces cent vingt écus que je t'ai prêtés. cousin. J'avais compté dessus pour une affaire... Je les avais ôtés d'une somme que j'avais en réserve... et aujourd'hui me voilà dans l'embarras...

— J'en suis plus fâché que toi, cousin ; mais un peu de patience, et tout ira bien.

Tranquille n'osa pas dire non plus qu'Éloi ne pouvait pas être embarrassé pour les cent vingt écus, parce qu'il n'avait jamais dû lui en rembourser qu'une partie au commencement de la saison et le reste à la fin.

— Et quand me payeras-tu?

— Mais, cousin, à la fin de la saison.

— On payera les deux moitiés ensemble, ajouta la femme plus hardie.

— C'est aujourd'hui qu'il m'aurait fallu de l'argent ; je manque une affaire sur laquelle j'aurais gagné cinquante écus! C'est bien fâcheux d'obliger le monde, et puis ensuite de se trouver soi-même dans l'embarras. Vois-tu, Risque-Tout, j'ai si besoin d'argent, que, si tu veux me donner deux cents francs, je te rends tes deux billets de soixante écus chaque que voilà.

— Tu sais bien que je n'ai pas d'argent, Éloi.

— C'est égal, c'est toujours l'histoire de te dire combien je ferais de sacrifices pour avoir de l'argent aujourd'hui.

On n'osa pas encore dire au meunier qu'il n'était pas de très-bonne foi quand il offrait de perdre cent soixante francs pour toucher une somme qui devait, disait-il, lui en rapporter cent cinquante.

— Comment faire? ajouta-t-il.

— Je voudrais avoir de l'argent, Éloi.

— Tu dis donc que tu ne me payeras qu'à la Saint-Michel les cent vingt écus que tu devais me payer aujourd'hui?

— C'est-à-dire, cousin, dit Pélagie, toujours plus hardie ou moins patiente que son mari, que nous ne devions vous en donner que la moitié.

— Oui, mais c'était il y a quinze jours, et d'ailleurs cette moitié me gêne tant que... tiens, vois-tu, je t'offrais tout à l'heure tes billets pour deux cents francs; eh bien! paye-m'en un, et je te les rends tous les deux. Ça n'est pas être chien ni tenir à l'argent; je t'ai prêté cent vingt écus, et je t'en fais quitte pour soixante.

— Cousin, je te répète que je n'ai pas d'argent, et d'ailleurs, si j'avais soixante écus, je te les donnerais, ce qui ne m'empêcherait pas de te donner les soixante autres plus tard.

— C'est soixante écus que je perds sur l'affaire que je manque faute d'argent.

Pélagie avait bien envie de dire qu'il n'était tout à l'heure question que de cinquante, mais elle se contint.

— Je ne suis pas un Turc, continua le

meunier, je vais te renouveler tes effets. Fais-m'en un de cent cinquante écus à la Saint-Michel.

Les deux époux se regardèrent. Pélagie prit la parole :

— Comment, cousin, cent cinquante écus ! c'est donc trente écus d'intérêt pour d'ici à la Saint-Michel, et pour soixante écus encore, et même pour cinquante, puisque nous n'avons que la moitié d'échue, et que sur les soixante écus il y en a dix déjà pour les intérêts.

— Je ne te dis pas le contraire ; tu trouves que c'est trop de me donner trente écus d'intérêt ; eh bien ! moi, je t'en offre bien soixante. Donne-moi soixante écus, et je te rends les deux billets, et je te dirai encore merci, et tu m'auras rendu un fameux service.

— Ah ! cousin, je voudrais bien ne pas vous avoir emprunté cet argent !

— Et moi donc, je ne serais pas dans l'embarras aujourd'hui. Et pourquoi est-ce que j'y suis ? Pour ne pas vous y mettre, car, si je voulais donner tes deux billets en payement pour l'affaire en question, on te ferait bien payer, on te ferait vendre tes deux bateaux ; mais j'aime mieux que l'embarras soit pour moi, parce qu'après tout nous sommes fils des deux frères, cousin, et qu'il faut bien s'entr'aider un peu dans la vie.

— C'est égal, cousin, c'est bien cher trente écus !

— Oui, et moi je serais bien content si tu voulais me donner soixante écus pour cent vingt que je t'ai prêtés ; mais, mon Dieu ! n'ajoute rien au billet, si tu veux, voilà tout, c'est moi qui perdrai tout.

— Il est juste d'ajouter quelque chose, Éloi.

— Dame ! puisque vous trouvez que c'est trop de me donner trente écus, lorsque moi je ne demande qu'à vous en donner soixante, ne mets rien ou mets trente écus.

Tranquille et sa femme se regardèrent.

— Allons, dit Risque-Tout, je vais faire comme tu veux.

— Remarque bien, dit le meunier, que ce n'est pas moi qui veux. Ce que je voudrais, au contraire, ce serait de toucher mes cent vingt écus qui sont sortis de ma poche, et de les recevoir tout secs ; ce que je voudrais encore bien, ce serait d'en recevoir soixante en te faisant grâce du reste.

— Écris le billet, je ferai ma croix.

Éloi écrivit ; puis, au moment d'inscrire la somme sur un papier timbré qu'il avait apporté avec lui, il s'arrêta :

— Tranquille, dit-il, le papier marqué me coûte cinq sous ; il n'est pas juste que ce soit moi qui le paye. Donne-moi cinq sous.

— Il n'y a pas un sou chez nous, dit Pélagie.

— Alors nous allons le mettre sur le billet avec la somme. Donc : « Je payerai à la Saint-

Michel prochaine, à mon cousin Éloi Alain, la somme de quatre cent cinquante et un francs (on ne peut pas mettre cent cinquante francs et cinq sous, on aurait l'air de malheureux), de quatre cent cinquante et un francs qu'il a eu l'obligeance de me prêter en espèces ayant cours. Approuvé l'écriture. » Là, mets ta croix, et toi, Pélagie, mets aussi la tienne.

Quand les signatures furent données, Éloi leur rendit les anciens billets avec un air de bienfaiteur d'une grande magnificence.

— Cette fois, cousin, dit-il, sois exact. Je vais porter ton billet en place d'argent à un meunier de Cherbourg, et, si tu ne payais pas à l'échéance, il ne serait pas si arrangeant que moi, car enfin voilà quatre cent cinquante et un francs qui me seraient bien utiles si je les avais dans ma poche au lieu de te les avoir prêtés. On ne trouve pas quatre cent cinquante et un francs dans le pas d'un cheval ; on ne trouve pas tous les jours un cousin qui vous prête quatre cent cinquante et un francs.

On ne se permit aucune observation sur le prétendu prêt de quatre cent cinquante et un francs.

— Allons, je vais m'en aller. Je me suis peut-être un peu fâché, cousin, parce que vraiment ça me fait faute. Tu comprends bien qu'avoir compté sur quatre cent cinquante et un francs que l'on a prêtés, et puis recevoir... quoi? pas un rouge liard, c'est un peu ébouriffant ; mais enfin je ferai comme je pourrai. Je suis vif, je me suis mis en colère, mais je ne vous en veux plus. C'est fini.

Il prit alors ses deux merlans qu'on avait mis de côté. Il en prit un troisième dans la manne, le considérant à côté d'un des siens.

— Je crois que celui-ci est plus beau.

Il les pesa, un dans chaque main.

— Il n'y a pas grande différence, dit-il.

Il les changea de main, les repesa encore, et parut très-embarrassé, jusqu'au moment où on lui dit :

— Ne soyez pas si embarrassé, cousin, prenez les trois.

— Tiens, Onésime, dit-il, attache-moi-les après un bout de ligne par les ouïes.

Onésime les enfila par le bout d'une forte ficelle, et, comme il allait la couper, Éloi l'arrêta, en disant :

— Mon Dieu ! que les enfants sont donc prodigues ! Il couperait une corde toute neuve.

Et il emporta la corde entière avec ses trois merlans, après avoir encore bien des fois recommandé l'exactitude à Risque-Tout et avoir embrassé Bérénice en disant :

— Adieu, mes chers enfants, enchanté de vous avoir rendu service.

— C'est un homme bien dur et bien avare que le cousin, dit Pélagie.

— Dieu ne paye pas ses ouvriers tous les

soirs, répondit Tranquille en soulevant son bonnet de laine, mais il finit toujours par payer. Chacun aura le prix de ses œuvres.

VI

Pulchérie Malais à Bérénice Alain.

« J'ai bien du chagrin, ma chère Bérénice; tu es ma seule amie. Marie m'a trahie. Je t'écris en cachette, et quoique j'aie à me plaindre de Marie, c'est elle qui fera partir cette lettre, sans savoir, bien entendu, ce qu'il y aura dedans. Nous étions déjà convenues que je n'enverrais plus les lettres pour toi à maman Dorothée. On vient voir Marie tous les jeudis, mais quelquefois, et même assez souvent, c'est une vieille servante qui l'a élevée qui fait le voyage. Elle prendra mes lettres et tu lui adresseras les tiennes. Mes lettres te parviendront port payé, ne t'occupe pas du port des tiennes. Voici l'histoire qui me cause tant de chagrin. Je t'écris à la salle d'étude de piano, car j'apprends le piano; mais tu n'as jamais vu de piano. Le piano, c'est une musique bien plus belle que le flageolet du clerc, c'est-à-dire que le flageolet de maître Épiphane que l'on trouve si agréable pour danser ; tu ne voudrais plus l'entendre si tu avais entendu une fois un piano.

« Madame Médard est une dame noire comme mademoiselle Sophie ; elle a pour fonctions de garder la salle consacrée à l'étude du piano ; elle s'occupe beaucoup de prendre du tabac, et n'est pas très-fine. On peut lire ou écrire sur son piano ; pourvu qu'elle entende taper de temps en temps sur le piano et faire du bruit, elle est satisfaite. J'interromps quelquefois ma lettre pour faire une gamme.

« Où en étais-je ? Madame Médard a regardé très-longtemps de mon côté, et il m'a fallu faire semblant de travailler. Ah ! j'avais à te raconter mon chagrin à cause de Marie.

« C'était avant-hier, précisément dans la salle où je t'écris, c'était le concours, c'est-à-dire qu'on sait alors celles qui sont assez savantes pour changer de classe. Il y a un concours tous les six mois. On y expose les dessins et les peintures des élèves. C'était superbe ! Il y avait le maréchal chancelier de la Légion d'honneur au milieu de toutes nos dames. Les plus grandes élèves sont examinées par le maréchal, qui leur fait des questions. Ensuite les élèves de M. Massimino ont chanté, on a joué du piano, etc. Puis chaque classe vient à son tour devant le maréchal, qui distribue les prix et donne les cein tures à celles qui ont mérité de passer dans la classe dont elles vont porter la couleur.

« Il y a eu une chose fort triste. Une grande élève, une nacarate lisérée, a été condamnée à la ceinture grise pour son indocilité. Le maréchal lui a donné la ceinture grise, qu'elle a reçue en pleurant et en sanglotant. Il faut qu'elle la porte pendant un temps qui sera assez long, et pendant lequel elle marchera à la suite des autres et sera chargée du ménage de sa classe. Quelques-unes gardent la même ceinture et restent dans la même classe encore pendant six mois, jusqu'au concours suivant. Marie, qui était nacarate unie, a passé blanche lisérée et a reçu sa ceinture des mains du maréchal.

« Figure-toi, Bérénice, que c'est une grande preuve d'affection de se faire attacher sa nouvelle ceinture par une personne qu'on aime, dame ou élève, et que c'est si important, qu'on attend quelquefois jusqu'au lendemain pour rencontrer celle à qui on destine cette marque d'amitié. Voilà donc que Marie reçoit sa ceinture blanche lisérée de nacarat des mains du maréchal ; j'étais aussi heureuse et aussi rouge qu'elle, tant j'étais sûre qu'elle allait venir à moi me dire de lui attacher sa ceinture. Eh bien ! croiras-tu qu'elle a été la porter à madame Félicie d'Aizac, la dame de la classe qu'elle quitte ? Madame d'Aizac est une femme qui fait des vers... Ah ! mais sais-tu ce qu'on appelle des vers ?... Ce sont des espèces de chansons. Madame d'Aizac l'a baisée au front et lui a attaché sa ceinture ; moi je suffoquais. Quand est venu mon tour, quand le maréchal m'a donné une ceinture bleue unie, j'ai eu envie de faire comme Marie pour la punir et de me la faire attacher aussi par la dame de ma classe, madame A***, qui est un peu bossue, mais ça m'était bien égal ; cependant, au moment, je n'en ai pas eu le cœur, et je suis allée à Marie, qui était déjà au milieu des blanches lisérées et qui faisait un peu sa grande demoiselle.

« — Mademoiselle, lui ai-je dit, voulez-vous me faire l'amitié de me mettre ma ceinture ?

« — Très-volontiers, *ma petite*, m'a-t-elle répondu.

« Elle m'a attaché ma ceinture avec négligence et s'est remise à causer avec ses nouvelles amies. Je me suis sauvée et je suis allée me cacher dans un coin, où je me suis bien régalée de pleurer. Je n'ai presque pas dormi de la nuit, et, le lendemain matin, hier, j'ai écrit sur le mur, au-dessous de l'endroit où Marie et moi nous avions écrit nos noms ensemble : 264 *est une perfide et une pimbêche.*

« Je finirai cette lettre une autre fois : on sonne la cloche pour le second déjeuner, qui est composé de pain sec. »

. . . .

« Ma chère Bérénice, je suis raccommodée avec Marie, elle m'a tout expliqué : elle avait promis à madame d'Aizac de faire attacher sa ceinture par elle avant mon arrivée dans la maison ; je suis allée effacer, avant qu'elle ne l'ait vue, l'inscription que j'avais mise sur le mur. Tu me demandes ce que veut dire nacarat : nacarat est une couleur rouge, non pas comme les bonnets de nos pêcheurs, mais plutôt comme ces grandes giroflées dont la graine vient de Bolbec et qui fleurissent tous les ans derrière votre ou plutôt derrière notre maison.

« Adieu, je vous embrasse tous.

« Pulchérie Malais. »

. . . .

Bérénice Alain à Pulchérie Malais.

« Nous avons eu aussi et nous avons bien du chagrin : Césaire vient d'être pris par le service, et il est parti hier pour se rendre à Cherbourg à bord d'un navire de l'État. Mon père n'a plus avec lui qu'Onésime ; il est vrai qu'Onésime, à ce que disent tous les pêcheurs, est un enfant sur terre et un homme à la mer. Ma mère surtout ne s'accoutume pas à voir la place de Césaire vide à notre table ; c'est son aîné, et elle a pour lui un peu de respect, à part l'amitié qu'elle lui donne comme aux autres. Je commence à faire pas mal la dentelle et à aller assez vite, aussi j'ai pu m'acheter une ceinture bleue unie pour être pareille à toi ; je me coiffe aussi les cheveux séparés en bandeaux avec une raie au milieu du front ; hier dimanche, à la messe, j'étais une bleue unie comme toi ; je n'ai pas de robe noire, mais j'en ai une d'un brun foncé qui fait à peu près le même effet.

« Nous avons effacé trente-trois jours sur l'almanach depuis que je t'ai écrit. Onésime a un nouvel ami, c'est un chien que lui a donné le berger de Beuzeval ; ce chien ne le quitte pas et le suit même à la mer. L'autre jour, comme le chien aboyait contre quelqu'un qui ne vient pas d'ordinaire chez nous, Onésime, lui parlant comme si ce pauvre animal avait pu le comprendre, s'est mis à lui parler de toi, et le chien regardait son maître, cherchant à entendre ce qu'on lui disait.

« — J'espère, Mopse, lui dit-il, que tu n'aboieras pas après Pulchérie quand elle va revenir ; Pulchérie est de la maison. Il faudra, ajouta-t-il en s'adressant à moi, qu'il connaisse Pulchérie ; je suis sûr que, quand elle l'aura caressé deux ou trois fois, il s'attachera à elle.

« Quand nous avons lu ta dernière lettre, Onésime, qui n'aime pas Marie, disait qu'il voudrait bien savoir écrire.

« — Et pourquoi? lui demandai-je.

« — Écoute, me dit-il, tu peux faire cela pour moi, je voudrais écrire sur deux ou trois murs : *264 est une perfide et une pimbêche*.

« Nous avons été forcés de demander à maître Épiphane ce que c'est qu'une pimbêche. Onésime était aussi fâché de te voir raccommodée avec Marie que moi j'en étais contente.

« — Est-ce qu'elle avait besoin d'autres amis que nous? répète-t-il souvent.

« — Mais toi, lui dis-je, est-ce que tu n'aimes qu'elle? Est-ce que tu n'aimes pas papa et maman, et aussi Césaire, et aussi un peu ta petite sœur Bérénice?

« — Je ne l'empêche pas de vous aimer aussi.

« Là-dessus il n'y a pas moyen de lui faire entendre raison. Quand nous allons nous promener, nous remontons la rivière de Beuzeval, et nous allons voir l'arbre sur lequel nous avons écrit nos trois noms.

« — Si Pulchérie veut y mettre un M, dit-il, j'abattrai l'arbre.

« Je t'envoie dans cette lettre une petite rose d'un rosier sauvage, que nous avons cueillie pour toi tout auprès du vieux saule. Embrasse Marie pour moi.

« Bérénice Alain. »

Quelques lettres furent encore échangées, puis arriva le moment des vacances. M. Malais fut appelé à Paris par des affaires importantes. Ce sera, dit Dorothée, une bonne occasion d'aller chercher Pulchérie. Malheureusement les affaires traînèrent en longueur. Les parents de Marie offrirent à M. Malais de prendre Pulchérie chez eux jusqu'à son départ; ils demeuraient à la campagne, à la porte de Paris. M. Malais fut un peu indisposé, puis reprit ses affaires ; tout cela dévora le temps. Il ne restait plus que quinze jours de vacances lorsqu'il fut question de partir. On lui fit remarquer que les quinze jours seraient absorbés par le voyage pour aller et revenir. Pulchérie était un peu étourdie par la vie nouvelle qu'elle menait. Les de Fondois recevaient du monde ; on dansait au piano presque tous les soirs, on allait de temps en temps au spectacle. Elle oublia ces deux pauvres enfants dont tout le bonheur était de l'attendre ; elle oublia Pélagie, qui avait été sa vraie mère ; elle fut enchantée quand elle entendit décider qu'elle n'irait pas à Beuzeval cette année, qu'elle resterait avec Marie jusqu'à la fin des vacances. Elle pria seulement M. Malais de dire à Bérénice, à Onésime et à Pélagie qu'elle regrettait bien de ne pas les voir cette année, mais que ce serait pour l'année suivante.

Ce fut un grand chagrin et une grande stupeur à Dive quand on apprit la nouvelle. Les deux enfants furent pendant quelque temps tout découragés ; ils allèrent auprès de leur vieux saule, ils s'embrassèrent. Leurs pauvres petits cœurs semblèrent crever, et ils fondirent en larmes.

— C'est mal, disait Onésime. M. Malais l'a bien dit devant nous, qu'il n'a pas insisté parce qu'il voyait bien que Pulchérie *mourait* d'envie de rester avec sa Marie. C'est mal ; elle ne nous aime plus. Comment peut-on changer si vite !

Ils se rappelèrent avec amertume tous les

détails de leur promenade au pied du vieux saule.

—Eh bien! dit Bérénice, aimons-nous seulement nous deux. Nous deux, nous ne nous oublierons pas, et nous ne nous trahirons jamais.

Ils s'embrassèrent en pleurant encore, mais plus doucement : ils se promirent d'oublier Pulchérie, puisqu'elle les avait si vite oubliés ; mais un mois après Pulchérie leur écrivit une lettre très-amicale, en leur parlant des vacances prochaines. Ils sautèrent de joie, lurent dix fois la lettre, et Bérénice y répondit avec la plus tendre amitié. La correspondance se renoua, et Bérénice et Onésime recommencèrent à attendre les prochaines vacances. Onésime se prétendait *radoubé*. Quelques lettres furent échangées. Nous ne possédons que les deux qui précédèrent d'assez près le moment attendu avec tant d'impatience. Les précédentes avaient fait savoir que Pulchérie avait reçu la ceinture nacarate lisérée, et que Marie était blanche unie. Cette fois elles s'étaient mutuellement attaché leur ceinture. Un ou deux orages avaient assombri cette amitié pendant le cours de l'année ; mais les nuages n'avaient pas tardé à se dissiper.

Chez les pêcheurs, il y avait, comme toujours, des alternatives de bonne et de mauvaise fortune. On n'avait pu donner à Alain qu'une partie de ce qu'on lui devait ; il avait fallu renouveler encore le billet dans des conditions de plus en plus onéreuses. Le meunier, qui n'avait en réalité prêté que cent écus, avait déjà reçu quatre cent vingt francs, sans compter le poisson dont il ne se faisait pas faute, et cependant il lui était encore dû deux cents et quelques francs. Il se plaignait amèrement, et se disait fort malheureux et fort mal récompensé d'avoir voulu obliger un parent; du reste, il s'était toujours, disait-il, ruiné pour sa famille. On avait reçu une fois des nouvelles de Césaire, dont le navire était dans les mers du Levant. Mopse, le chien d'Onésime, devenait fort savant; il rapportait et obéissait à tout ce qu'on lui ordonnait.

Pulchérie Malais à Bérénice Alain.

« Il faisait beau hier, ma chère Bérénice, et jamais le beau temps n'avait été demandé à Dieu avec plus de ferveur; jamais les pêcheurs n'ont, sur un pareil sujet, adressé au ciel de plus ardentes prières. Nous pensons deux mois d'avance à la Fête-Dieu, et, un mois avant qu'elle arrive, nous ne pensons plus à autre chose. Elle se célèbre à Saint-Denis avec grande pompe; je doute fort que mon récit puisse t'en donner une idée. Quand il fait beau temps, on dresse au bout de la belle promenade un magnifique reposoir auquel nous allons en procession, tandis que, si le temps est incertain, la procession ne peut sortir, et nous faisons seulement le tour des cloîtres. Le reposoir, en ce cas, est dressé à un des angles où est une statue de la sainte Vierge. Mais enfin, il faisait beau hier, et rien n'a manqué à la solennité de la fête. Tout était rempli de fleurs ; tous les balcons de la cathédrale à laquelle aboutit notre promenade étaient chargés de monde. Voici dans quel ordre s'avançait la procession : madame Coindet, maîtresse de danse de la maison, surveille la cérémonie, sous le rapport de l'ordre et de la grâce ; il nous semble toujours qu'elle va tirer son petit violon de sa poche. Toutes les élèves qui n'ont aucun rôle dans la représentation sont sur deux lignes, ainsi que toutes les *dames*, qui ont d'énormes bouquets. En tête et au milieu s'avance la bannière de la Vierge, portée par une élève de la classe blanche lisérée. D'autres élèves de la même classe tiennent les cordons de la bannière ; un grand voile de mousseline blanche les recouvre entièrement. Derrière elles, le sacristain porte la croix ; deux élèves de la classe nacarat uni sont sur la même ligne que lui et portent des flambeaux. Elles sont également couvertes d'un grand voile blanc posé sur la tête nue, et par-dessus le voile elles portent une couronne de chèvrefeuille. Ensuite s'avance une troupe de quarante petites filles ; ce sont les plus petites de la maison.

Elles sont rangées quatre par quatre ; elles ont chacune un voile sur lequel est posée une couronne de bluets ; elles portent chacune une corbeille remplie de feuilles de roses qu'elles jettent devant les pas du prêtre qui porte le saint sacrement. J'étais une des quatre élèves nacarat liséré, couronnées de fleurs des champs, qui, derrière les petites, portent les encensoirs. Viennent ensuite quatre jeunes filles prises dans la classe bleue unie, et j'étais une de ces quatre l'année dernière. Ce sont les vierges ; c'est le beau rôle de la procession. Le choix en est fort discuté à l'avance ; je n'ose guère dire que ce choix s'arrête en général sur les plus jolies. Lis ceci toute seule, et passe cette ligne si tu lis ma lettre à la famille. Elles sont couronnées de roses blanches et de jasmin. Enfin vient le dais, porté par huit élèves de la classe blanche unie ; d'autres tiennent un des huit cordons. Quatre élèves blanches lisérées portent des cierges. De chaque côté sont rangées les chanteuses ; elles ont également de grands voiles, mais pas de couronnes. Arrivées au reposoir, elles se cachent derrière et chantent sans être vues : *O salutaris hostia*. Marie, qui a une très-belle voix, et est élève de madame d'Auby et de M. Massimino, fait partie des chanteuses. La procession aura encore lieu dimanche prochain. Je t'envoie une marguerite de ma couronne en échange de ta petite rose sauvage de la rivière de Beuzeval, que tu m'as envoyée l'année dernière. Nous n'avons de fleurs à notre disposition qu'à la Fête-Dieu; je ne sais pourquoi on ne nous permet pas d'avoir le moindre bouquet pendant le reste de l'année. L'infraction à cette défense est, du reste, un crime assez fréquemment commis par quelques-unes, malgré la difficulté qu'on trouve à s'en procurer.

« Adieu. Marie te rend tes amitiés.

« Pulchérie Malais. »

Bérénice Alain à Pulchérie Malais.

« Jeudi.

« Ma chère Pulchérie,

« Nous avons eu aussi une belle procession pour la Fête-Dieu. Tous nos pêcheurs, dont la plupart ont souvent échappé à de grands dangers en mer par l'intercession de la sainte Vierge, suivaient la tête nue. Le curé a ensuite béni la mer et les barques.

« Deux familles étrangères sont venues s'installer à Dive : l'une s'est logée à l'auberge de Marais, l'autre à la pointe, à cette auberge qui est au bas de Beuzeval. Les deux familles qui ne se connaissaient pas d'abord, mais qui maintenant parlent ensemble et se visitent le soir, sont venues pour prendre des bains de mer. On dit que ce sont des gens très-riches.

« Espérons que nous n'éprouverons pas aux vacances prochaines le désappointement qui nous a fait tant de peine l'année dernière, et que tu viendras passer quelque temps avec nous. Espérons... On m'appelle en grande hâte... que se passe-t-il ? . . . . . .
. . . .

« J'ai quitté cette lettre il y a trois jours ; au moment où l'on m'appelait, il nous arrivait un grand malheur, et je n'ose penser à celui qui aurait pu nous arriver. Mon père et Onésime revenaient de la pêche ; il faisait grand vent et la mer était grosse ; une lame a chaviré et retourné le canot ; tous deux ont disparu dans l'écume. Onésime a bientôt reparu, il a cherché autour de lui ; mais, ne voyant pas notre père, il l'a cherché sous l'eau, et a eu le bonheur de le ramener. Il fallait que ce pauvre père fût blessé pour être ainsi resté, lui qui nage si bien, et d'ailleurs il n'y avait presque pas d'eau où ils ont chaviré. En effet, le canot l'avait frappé à la tête, il était sans connaissance et couvert de sang. C'est alors qu'on nous a appelées, tandis que d'autres pêcheurs aidaient Onésime à apporter notre pauvre cher père à la maison. Sa blessure n'est pas dangereuse, il ne s'en ressent plus aujourd'hui ; mais, en même temps que le coup à la tête, il en a reçu un au bras, et il ne pourra d'ici à quelque temps se servir de ce bras. Qu'allons-nous faire? qu'allons-nous devenir? Depuis quelque temps, tout va mal chez nous; Onésime disait ce matin : « Nous avons bien du « malheur depuis que Pulchérie a quitté la « maison; elle a emporté toute notre chance « avec elle. » Mon père est désolé de se voir ainsi hors d'état de travailler au plus beau moment de la pêche. Onésime a du courage et dit qu'il saura bien gagner ce qu'il faut. Je pense comme Onésime que, si tu as emporté notre bonheur, tu nous le rapporteras cette année. Adieu, aime-nous et pense à nous.

« Bérénice Alain. »

VII

La maison des pêcheurs était fort triste. Risque-Tout allait à l'arrivée des bateaux et rentrait tout affligé de la bonne pêche que rapportaient les autres, non pas qu'il fût envieux, l'excellent homme! Bérénice et Onésime étaient fiers et presque heureux d'être la ressource de la maison. Bérénice travaillait si assidûment à sa dentelle, qu'elle gagnait dix ou douze sous par jour. Onésime pêchait de la crevette et de l'équille, seules pêches qu'il pût faire seul. Cela ne rapportait pas grand'chose, mais on pouvait vivre ; d'ailleurs chaque pêcheur à son tour donnait à la famille un ou deux poissons, selon la pêche qu'il avait faite. Onésime, en retour, était toujours prêt à les aider, à pousser les bateaux à la mer ou à les haler sur la plage. Il fut chargé d'apprendre à nager à deux jeunes enfants des familles étrangères arrivées à Dive : mais après un coup de vent le temps se refroidit, les bains furent suspendus ; la mer resta grosse et inabordable pendant plus de quinze jours, la crevette gagna les fonds, et l'équille cessa de s'ensabler. La famille se trouva réduite à la dentelle de Bérénice. Cette ressource ne tarda pas à manquer en grande partie ; Pélagie tomba malade, il fallut que Bérénice la soignât et s'occupât de tous les détails du ménage. Elle ne gagna bientôt plus que trois ou quatre sous par jour ; il lui fallait laver, repasser le linge, et préparer la nourriture.

Un vieux pêcheur dit un jour à Onésime :

— C'est dommage que tu n'aies pas la force, car tu aiderais bien ta famille ; ce n'est pas le courage, ce n'est pas le bon cœur qui te manque, c'est la force. Cependant tu pourrais, si tu voulais bien, gagner assez d'argent pour soutenir tes gens jusqu'à ce que ton père soit guéri.

— Je ne demande pas mieux, répondit Onésime ; mais que peut faire un pauvre enfant comme moi, Pacôme Glam ?

— Tu n'as qu'à t'en aller à Honfleur, tu trouveras là des bateaux de chalut qui te prendront volontiers pour mousse ; tu es grand et fort pour ton âge, tu connais la mer, tu es pêcheur, tu peux gagner trente-cinq francs par mois ; tu te nourriras avec quinze et tu enverras vingt francs à tes gens. Ces vingt francs-là, on te les donnera d'avance et tu pourras les envoyer ici tout de suite. Je vais te donner un mot d'écrit pour un homme avec qui j'ai navigué autrefois ; il trouvera à te placer pour la saison. La saison passée, ton père sera guéri, et tu reviendras pêcher les harengs et les merlans avec lui.

Pacôme Glam ne savait pas écrire ; il alla avec Onésime chez maître Épiphane, qui, en échange de quelque poisson qu'on lui donnait de temps à autre, écrivait volontiers les lettres pour les pêcheurs. Le clerc se chargea donc avec plaisir de la missive pour l'ami de Pacôme Glam. En possession de la lettre, Onésime rentra à la maison, et fit signe à Bérénice de le suivre au jardin. Là il lui dit :

— Je crois que je ne reverrai jamais Pulchérie ; elle arrive dans trois semaines, et je pars demain aussitôt qu'il fera jour.

— Et où vas-tu ? demanda Bérénice.

— Je ne puis supporter plus longtemps

de voir notre père et notre mère malades et manquant de tout, toi t'exténuant pour gagner trois sous par jour, et moi, à cause de l'inclémence de la mer, restant là les bras croisés. Pacôme Glam m'a donné une lettre pour un ami qu'il a à Honfleur. Il est sûr que je pourrai vous envoyer vingt francs par mois pendant la saison. Je reviendrai ensuite aider mon père, quand il pourra retourner à la mer. Pulchérie sera repartie depuis longtemps. Tu lui diras pourquoi je suis parti, et, si c'est toujours une bonne fille comme toi, elle m'en aimera davantage. Vous irez ensemble au vieux saule de la rivière de Beuzeval, et là tu l'embrasseras pour moi. M. Malais disait l'autre jour qu'après les vacances elle ne devait plus rester qu'un an là-bas ; elle reviendra alors pour tout à fait. Si je ne suis pas noyé, je la verrai dans un an. Tu lui diras de caresser Mopse, que je suis forcé de te laisser. Tu en auras bien soin, n'est-ce pas ? Maintenant rentrons et ayons l'air joyeux d'un départ qui nous chagrine tous les deux ; mais il faut penser à nos parents.

Tous deux s'essuyèrent les yeux, s'embrassèrent et rentrèrent à la maison.

—Bonne nouvelle ! dit Onésime en entrant, nous n'allons plus être à la côte. Pacôme Glam m'a donné une lettre pour un de ses amis à Honfleur avec qui je vais m'embarquer pour trois mois, et je vous enverrai vingt francs par mois. Je reviendrai pour le merlan. Vous, mon père, vous serez radoubé, et nous reporterons la voile au haut du mât.

— Mes deux fils seront donc hors de la maison? dit Pélagie.

— Oh! maman, ne m'empêche pas, j'ai bien envie de voir du pays, et puis ça me rend tout joyeux de gagner de l'argent moi-même.

— Et quand pars-tu?

— Un peu avant le jour. Je n'aurai pas trop de ma journée pour arriver à Honfleur.

— Bérénice, dit Pélagie, il faut lui faire sa pouche à ce cher enfant. Quel malheur que je ne puisse pas me lever! Je suis sûre qu'il lui manquera quelque chose. On passe presque toutes les nuits à bord des grands bateaux; n'oublie rien, Bérénice.

Bérénice ne répondit pas, car elle aurait sangloté; mais elle se mit à enfermer dans un sac les hardes nécessaires à Onésime. Pacôme entra.

— A la bonne heure, dit-il, le matelot ne fait pas attendre la marée. Comment vas-tu, Risque-Tout?

— Un peu mieux, merci. Voilà donc que tu envoies notre Onésime à Honfleur?

— Il sera bien; il sera avec un ami, entends-tu ça, Pélagie? il sera comme chez toi, et mieux que chez toi. Il est juste que les enfants travaillent pour nous quand nous sommes en dérive. D'ailleurs, qu'est-ce que c'est qu'un marin qui n'a jamais perdu de vue le clocher de son village ? Vous verrez Césaire ; quand il va revenir *d'à bord* de l'État, ça ne sera plus le même homme. Ah çà ! vous n'avez pas de quoi, et il en faut au gas pour faire sa route. Voilà un vieux petit écu que je vas lui donner, vous me rendrez ça quand il vous en enverra.

Il est quelque chose qui est toujours si présent à l'esprit des pauvres, qu'ils ne le nomment pas le plus souvent, et qu'ils remplacent le nom par un pronom, comme s'ils en avaient déjà parlé, et comme s'ils étaient sûrs que leurs interlocuteurs y pensent. Je veux parler de l'argent, cet irréconciliable ennemi, ce dieu irrité et inexorable. J'entends souvent les pauvres gens dire : « Je n'en ai pas ; il faut que j'en gagne, » sans prononcer préalablement le mot argent, qui est toujours sous-entendu : de même une femme adultère, parlant à son amant de l'ennemi commun, du mari outragé, dit : « On vient, est-ce *lui* ? » ou : « *Il* trouve que vous venez souvent ici, » sans que le mot de mari soit exprimé. Peut-être faut-il attribuer dans les deux cas cette réserve aux causes qui faisaient que les anciens évitaient de prononcer le nom des Furies.

Le lendemain matin, le jour venait de paraître. La mer, unie comme un miroir, était d'un bleu pâle, calme et serein. Le soleil, qui ne paraissait pas encore, montrait ses rayons entre le Havre et Honfleur. De petits nuages, mobiles vapeurs grises, se coloraient de rose et de lilas. Un glacis rose se montra aussi sur le bleu de la mer; puis, quand le soleil parut monter, ce glacis devint jaune et dora légèrement le bleu. A ce moment, Onésime sortit de la maison, accompagné de Bérénice. Tranquille et Pélagie n'étaient pas encore levés. Il les avait embrassés, et s'était chargé de sa pouche, dont sa mère avait fait soigneusement l'inventaire pièce par pièce. A peine le frère et la sœur étaient-ils à quelques pas de la maison, que Mopse, qu'ils croyaient avoir enfermé, sauta par une fenêtre et rejoignit son maître, qu'il accabla de caresses. Il fallut retourner et le ramener; il fallut encore embrasser les parents. Pélagie pleurait. Quand on fut à l'extrémité du village, au haut du mauvais chemin qui commence la route de Trouville, Onésime dit à sa sœur :

— Ne va pas plus loin ; n'oublie pas tout ce que je t'ai dit pour Pulchérie. Vous ne tarderez pas à avoir de mes nouvelles. Adieu.

Ils s'embrassèrent tendrement. Onésime se retourna deux ou trois fois; ils échangèrent à chaque fois des signes d'amitié. Comme le chemin faisait un coude, Onésime se retourna ; mais il vit Bérénice qui avait fait quelques pas de plus pour le voir plus longtemps. Alors il courut à elle, l'embrassa encore, et lui dit :

— Maintenant allons-nous-en, et courons tous les deux sans nous retourner.

Cependant, quand il fut à un point où il croyait qu'il ne la verrait plus, il regarda derrière lui, et, comme elle regardait aussi, ils se dirent de loin : « Adieu! adieu! »

VIII

Pulchérie avait écrit pour demander la permission de promettre à Marie et à ses parents qu'elle reviendrait quinze jours avant la fin des vacances et qu'elle passerait ces quinze jours à leur campagne comme l'année précédente. M. Malais, en accordant cette permission, avait mis pour condition qu'aux vacances suivantes Marie viendrait pendant un mois au moins *au château*. C'était la dernière année que les deux jeunes filles devaient passer à Saint-Denis. On répondit que l'on acceptait avec reconnaissance l'invitation toute gracieuse de M. et de madame de Beuzeval. De ce jour, cette visite attendue l'année prochaine préoccupa exclusivement les deux époux. Ils ne songèrent qu'à embellir le château et à le rendre digne des hôtes de Paris qui devaient leur arriver. On attendit cependant l'arrivée de Pulchérie pour commencer les changements. Pulchérie venait de passer deux ans à Paris, ou du moins fort près de la *capitale*. Elle avait vu chez les de Fondois ce qui était beau, ce qui était à la mode.

Pulchérie accueillit bien Bérénice ; elles allèrent ensemble se promener en remontant la petite rivière de Beuzeval, et, quand elles furent assises sous le vieux saule, Bérénice s'acquitta de la commission d'Onésime. Pulchérie fut touchée du dévouement et du départ du jeune pêcheur.

— Il doit être changé, dit-elle ; voilà deux ans que je ne l'ai vu.

— Tu le reconnaîtrais à peine, tant il est grand et fort ; son visage respire la résolution et la franchise. sa voix est devenue grave sans être rauque comme celle de nos autres pêcheurs, son regard est assuré et pénétrant ; mais toi, Pulchérie, comme tu es grandie, comme tu es changée, et cependant embellie !

— Tu es bien plus jolie aussi, dit Pulchérie.

— Oh ! tu n'es plus du tout une de nous, Pulchérie, tu es une demoiselle ; aucune fille d'ici ne sait marcher ni parler comme toi, tu as des manières pour dire les choses... Tu as l'air d'une princesse ; eh bien ! cela me fait presque de la peine. Je suis sûre que mon pauvre Onésime, s'il était ici, n'oserait pas te parler. Tu n'as plus l'air d'être de la même espèce que nous.

— Tu es folle, Bérénice.

— Oh! non, ta voix est plus douce; on dirait une musique. C'est à peine la même langue que tu parles.

— Que fait Onésime?

— Hélas! il va à la mer et il pêche. J'aurais voulu qu'il apprît à lire et à écrire; mais depuis qu'il va à la mer, il n'a pas encore remis les pieds chez maître Épiphane.

— Il faut pourtant qu'il apprenne.

— Je lui dirai que c'est toi qui l'as dit. Tu dois trouver que je parle un peu mieux que lorsque tu es partie. Maintenant je lis le dimanche des livres qui étaient à la maison, je ne sais pourquoi ni comment, car, excepté moi, personne n'y sait lire. Mon père dit qu'il les a connus de tout temps chez le sien, à qui était notre maison, et qu'il ne s'est jamais aperçu que quelqu'un lût dedans. Les hommes de Paris sont-ils aussi différents des hommes d'ici que tu es différente des jeunes filles de Dive? Est-ce qu'ils sont encore plus *monsieur* que M. Malais ton oncle? Qu'est-ce qu'on leur apprend?

— Comme aux filles, et même un peu plus : le latin d'abord, puis l'histoire, la géographie; ensuite ils apprennent à tirer des armes et à danser et à monter à cheval.

— C'est pour Onésime que je te demande tout cela.

— Et qu'en fera Onésime?
— Tu verras, tu verras!

Bérénice n'avait pas beaucoup à raconter, mais Pulchérie avait mille choses à lui dire; le monde qu'elle avait vu était aussi inconnu pour Bérénice que l'auraient été les sauvages du premier pays qu'on découvrira. Pulchérie fit un peu semblant d'avoir peur de Mopse; elle avait pris certaines affectations de timidité, parce qu'une audace apparente contre toute sorte de petits dangers, qu'elle avait apportée à Saint-Denis, avait été déclarée par les autres élèves ne pas être *comme il faut*.

— Dirai-je donc à Onésime que tu n'as pas voulu caresser son chien? Il m'avait tant recommandé de t'en prier!

Pulchérie consentit à lui passer la main sur le dos et à lui donner quelques petites tapes sur la tête tout en retirant sa main avec terreur au moindre mouvement de l'animal. Elle donna à son oncle toute sorte de conseils relativement aux dispositions et à l'ameublement du château. Telle chose est ainsi chez les de Fondois et telle autre ainsi, et l'oncle enregistrait les observations de Pulchérie.

Onésime avait envoyé les vingt francs de son mois deux jours après son départ; on n'avait pu le placer sur un bateau de chalut, mais l'ami de Pacôme l'avait fait mettre à bord d'un bateau à vapeur qui allait et va encore du Havre à Cherbourg. Le second mois arriva comme le premier. Pélagie avait repris la direction de son ménage, et Tranquille commençait à se servir de son bras.

Pulchérie ne tarda pas à repartir. M. Malais la conduisit à Paris en se proposant de profiter de ce voyage pour faire de nombreux achats et commander des meubles, ceux du salon du château ayant été condamnés définitivement par Pulchérie. C'étaient de magnifiques meubles en bois sculpté, recouverts de vieilles tapisseries. Les artistes de ce temps-ci ne les avaient pas encore mis à la mode, de telle façon qu'ils coûtent aujourd'hui si cher, qu'ils n'en peuvent plus acheter. Il faut cacher tous ses bonheurs comme le voyageur cache son or quand il doit traverser une forêt périlleuse. La vie est fort boisée.

La fin des vacances fut remplie de séductions pour Pulchérie; elle avait à peu près quatorze ans. A sa première enfance au bord de la mer, chez les pêcheurs, elle devait une santé robuste. Elle était grande et formée plus que les filles ne le sont d'ordinaire à son âge. Marie avait un an de plus qu'elle, et on commençait à les compter pour quelque chose dans un salon. Elles se donnaient le plaisir de faire tout ce qui était défendu à Saint-Denis. Toutes deux se firent donner des boucles d'oreilles et se firent percer les oreilles, seul moyen de manifester les riches pendeloques dans la maison de Saint-Denis, où tout bijou est interdit. Elles se firent coiffer en boucles tout le temps que durèrent encore les vacances. Cette coiffure, qui, surtout pour de jeunes filles, est loin d'être aussi belle que les bandeaux, était une coiffure défendue à Saint-Denis. Elles portèrent d'énormes bouquets. Une seule chose est tolérée contre l'égalité : on permet aux élèves de porter des gants apportés du dehors. Cet oubli du législateur a créé la suprême élégance à Saint-Denis. Dans les grandes cérémonies, on exige que l'on porte des gants de coton blanc fournis par la maison, et c'est aux élèves à imaginer des ruses pour leur substituer de petits gants de peau ; mais les jours ordinaires on n'y fait pas beaucoup d'attention, et *les bien gantées* forment l'aristocratie. Les deux *réciproques* rentrèrent donc avec les oreilles percées et une provision de gants. Ce fut un grand sujet d'envie. Les gants étaient visibles, et les oreilles percées parlaient bien éloquemment de boucles d'oreilles. Toutes deux s'étaient fait faire une très-fine ganse de leurs cheveux, qu'elles avaient échangés. C'est un cadeau qu'on se fait assez communément entre réciproques et qu'on tolère au cou des élèves. Cela s'appelle *un sentiment*. L'amitié des jeunes filles n'est que l'apprentissage de l'amour.

Pulchérie avait la ceinture blanche lisérée, et avait pour institutrice la sèche et froide madame S***, et pour dame surveillante la grande, belle et médiocrement intelligente J*** de S*** C***. Marie était blanche unie *ancienne*; c'était en partie pour rester avec Pulchérie, et aussi parce que sa famille la trouvait trop jeune pour la mettre tout à fait dans le monde, qu'elle suivait la classe de madame B***, jeune dame assez jolie, quoique maigre, mais très-sévère, et si redoutée, que la plupart des élèves quittaient la maison sans passer sous sa férule. Marie devait sortir après le prochain concours, car, ne se destinant pas à rester dans la maison comme institutrice, elle ne devait pas suivre la classe de perfectionnement.

Onésime revint à Dive avant l'hiver. Tranquille Alain était tout à fait guéri. Le merlan d'abord et le hareng ensuite vinrent sur la côte assez abondamment. On paya Éloi Alain le meunier, qui se trouva avoir reçu un peu plus de six cents francs pour trois cents qu'il avait prêtés à son cousin, et néanmoins resta toujours son bienfaiteur, tirant de son bienfait productif un intérêt perpétuel; tantôt il attendait le retour des barques, et prenait un ou deux poissons; tantôt il faisait faire à Tranquille une petite corvée sous un prétexte ou sous un autre, ayant soin de rappeler de temps à autre les services qu'il lui avait rendus, et appelant *la Mouette* « notre bateau. » Pélagie était également revenue à la santé, et le bonheur était rentré dans la maison, où il ne manquait que Pulchérie ; mais elle y manquait beaucoup. Pour Césaire, dont on avait de temps en temps des nouvelles, son absence se faisait beaucoup moins sentir, parce qu'il n'avait jamais participé à la vie de famille, et allait s'amuser avec des camarades de son âge dans les moments qui n'étaient pas consacrés au travail.

Onésime, qui avait un an et demi de plus que Pulchérie, allait avoir quinze ans ; il était aussi fort que son père, et il avait réalisé ce que Risque-Tout avait prédit de lui ; tout le monde disait : « Onésime est *l'ennemi du poisson*. » Onésime et Bérénice parlaient souvent de Pulchérie. Bérénice répétait à son frère ce qu'elle avait dit à leur amie.

— Vois-tu, Onésime, Pulchérie a l'air de ne plus être de la même espèce que nous : d'abord elle est blanche comme le ventre d'un guillemot, et puis elle marche autrement que nous, elle ne dit rien de ce que nous disons et avec une voix toute différente ; il semble qu'elle n'est pas de ce pays. Tu te rappelles cette mouette que tu avais ramassée à la mer, pauvre petit oiseau tombé de son nid du haut de quelque falaise ; nous l'avons élevée avec nos poules, et un jour, quand elle a eu des ailes, elle s'est élevée et a pris son vol sur la mer ; c'est l'histoire de Pulchérie.

— Mais, dit Onésime, si Pulchérie est devenue plus belle et plus savante et plus aimable, c'est une raison de l'aimer davantage ; voilà tout.

— Oui... mais ce n'en est pas une pour qu'*elle* nous aime davantage, ni même autant.

— T'a-t-elle paru changée à notre égard ?

— Non ; elle nous aime toujours, elle est toujours bonne, et elle a embrassé maman Pélagie et moi avec un bien bon cœur ; mais enfin, comme elle voit toute sorte de belles choses que nous ne connaissons pas, comme elle devient très-savante, tout en nous aimant bien, elle ne s'intéressera plus à ce qui nous intéresse, et elle aimera mieux se trouver avec des gens avec qui elle pourra causer de ce qu'elle sait et de ce qu'elle a vu, des gens enfin capables de lui répondre : ainsi, par exemple, nous ici, nous dansions en rond ; eh bien ! elle, elle sait toutes sortes de danses qu'on danse à la ville, là-bas ; cela ne l'amusera plus de danser en rond avec nous ; elle sait tout, et nous ne savons rien. A ce propos, elle m'a chargée de te dire qu'il faut que tu apprennes au moins à lire et à écrire, et, si j'ai un conseil à te donner, c'est de ne pas t'en tenir là. Elle m'a parlé des jeunes gens qu'elle voit, et j'ai bien retenu comment elle fait l'éloge de ceux qu'elle trouve le plus de son goût. Ainsi, elle m'a dit une fois que nous jasions à la maison en me parlant de je ne sais qui : C'est *un cavalier accompli*. Je croyais d'abord que c'était quelqu'un qui montait bien à cheval ; mais elle m'a expliqué. Eh bien ! ça n'est pas cela ; un cavalier accompli, c'est un homme... elle ne m'a pas dit s'il savait lire et écrire, mais je crois bien que oui ; c'est un homme qui est très-bien habillé, qui sait bien danser, bien se battre à toute sorte d'armes, bien monter à cheval, qui dit toute sorte de jolies choses aux jeunes filles ; je me suis bien rappelé tout cela pour te le redire : tu ne sais rien de tout cela. Moi je puis encore causer un peu avec Pulchérie, parce que je sais à présent lire et écrire et un peu compter ; mais toi, tu ne sais rien.

— Comment, je ne sais rien ! mais il n'y a personne ici pour louvoyer en canot au plus près du vent à côté de moi. Est-ce que je ne connais pas bien les marées ? est-ce que tu connais quelqu'un capable d'acquer (amorcer) une manne de cordes aussi *souplement* que moi ? et faire une épissure donc ?...

— Oui, mais je te l'ai dit : Pulchérie n'est pas de la même espèce que nous ; notre coq n'était pas le mâle de la mouette, et elle est partie ; il faut que tu te rendes plus semblable aux jeunes hommes de l'espèce de Pulchérie, si tu veux que Pulchérie soit un jour ta femme, comme nous le disions quand nous étions petits ; il faut que tu ne lui fasses pas honte, il faut que tu deviennes savant comme elle.... Mais peut-être que tu ne penses plus à cela, et que tu te contenteras d'aimer Pulchérie comme je l'aime ?

— Si je n'ai pas Pulchérie pour femme, je n'en aurai pas d'autre.

— Tant pis ; c'est peut-être bien du chagrin que nous aurons, car, je te le redis encore, Pulchérie et nous, nous ne sommes pas de la même espèce.

— Pourquoi cela? Son grand-père était marchand de bœufs et travaillait avec le nôtre, et notre cousin Éloi le meunier le tutoyait.

— Tout cela est vrai, mais je ne puis pas bien t'exprimer les choses. Quand tu auras vu Pulchérie une fois, tu comprendras ce que je veux dire, tu n'oseras peut-être pas la tutoyer. En tout cas, si Pulchérie doit être ta femme, tu ne dois pas être au-dessous d'elle, et il faut que tu apprennes.

— Mais le pourrai-je?

— Elle a bien appris, elle, et moi-même, qui ne suis qu'une petite fille, n'ai-je pas appris à lire et à écrire? Il y a maître Épiphane Garandin le clerc qui sait tout, à ce qu'il dit, et qui a fait tous les métiers. Nous gagnons assez d'argent pour le payer un peu, et d'ailleurs, pour du poisson, il sera bien content de t'instruire ; dis-lui que tu veux devenir « un cavalier accompli ; » les gens savants doivent savoir ce que cela veut dire. S'il ne sait pas, tu lui diras qu'il faut que tu saches danser, bien te battre à tout, monter à cheval, faire de la musique, un peu aussi lire et écrire. Mets-lui de côté deux beaux gros merlans demain, et va lui narrer ton affaire. Pulchérie ne revient que dans huit mois, il faut qu'elle te trouve changé comme tu la trouveras changée toi-même.

IX

Chez maître Epiphane Garandin.

Le lendemain, au retour de la pêche, Onésime passa un bout de ligne dans les ouïes de deux énormes merlans, et il s'en alla chez maître Épiphane.

L'école était une seule chambre, on descendait trois marches pour y entrer; un homme de taille ordinaire était obligé de baisser la tête pour ne pas se frapper contre la poutre. La pièce était pavée; au fond était le lit de maître Épiphane, enveloppé de rideaux en serge verte; trois bancs et deux tables composaient le mobilier de la classe avec un vieux petit poêle en fonte, dont le tuyau montait dans la cheminée; sur le poêle, dont le couvercle était enlevé, cuisait, dans une chaudière de fonte, le dîner de maître Épiphane. Il y avait aussi un fauteuil de bois à fond de paille, devant lequel était une petite table carrée avec un vieux pupitre ; c'était la place du maître, auprès de la seule fenêtre qui éclairât l'école, fenêtre dite à guillotine, formée de deux panneaux dont l'un monte en glissant sur l'autre lorsqu'on veut avoir de l'air. Cette fenêtre, de trois pieds carrés, était vitrée de trente-six petits carreaux, sur plusieurs desquels ressortaient des espèces de loupes d'un vert foncé assez semblables au fond d'une bouteille ; un seul de ces carreaux était de papier. Les enfants étaient assis sur les bancs ; les plus grands avaient devant eux, sur les tables, des livres ou des cahiers ; les plus petits étaient pressés sur le banc devant lequel il n'y avait pas de table, les jambes pendantes, bavardant, se poussant, aussitôt que le maître détournait les yeux, prenant un air contrit et hypocrite quand il regardait de leur côté. La classe, qui avait été autrefois blanchie à la chaux, avait à trois pieds et demi de haut une ligne crasseuse produite par le frottement de la tête des enfants. Lorsqu'Onésime entra, il effaroucha une poule qui becquetait sous les bancs les miettes que les enfants laissaient tomber à l'heure de leurs repas ; la poule s'enfuit en voletant, mais ne tarda pas beaucoup à revenir.

Le local n'était pas seulement l'école, c'était aussi l'hôtel de ville, où à certains jours se rassemblaient M. le maire et MM. les conseillers municipaux. Quand quelqu'un de ces jours ne *tombait pas* un dimanche, les écoliers avaient congé de droit. d'autant que maître Épiphane, qui était secrétaire de la mairie, n'aurait pu leur donner ses soins éclairés. Il faisait chaud dans l'école ; le poêle, sur lequel cuisait le dîner, était fort animé ; la fenêtre et la porte étaient fermées ; maître Épiphane, soit par ennui, soit par la privation d'air, s'était endormi au milieu d'une dictée, les écoliers s'étaient fait signe de ne pas le réveiller. Parmi les plus petits, un avait quitté tout doucement sa place et était allé voler une tartine de beurre salé dans le panier où était le goûter d'un de ses camarades ; celui-ci s'en était aperçu et avait cru reconnaître son beurre lorsque le voleur avait déjà mordu deux bouchées dedans ; il s'efforçait de le lui arracher, et tous deux déchiraient la tartine beurrée qu'ils tenaient à pleines mains ; un autre s'était mis à cheval sur le banc, auquel il avait fait des rênes avec une corde ; les plus grands jouaient aux billes. Le bruit que fit Onésime en entrant effaroucha la poule et réveilla maître Épiphane ; il ne savait pas combien de temps il avait dormi, il avisa ceux qui jouaient.

— Hé ! là-bas ! dit-il d'une voix terrible, faut-il que j'aille vous trouver avec Jacqueline ?

Jacqueline était le nom qu'il lui avait plu de donner à une règle large et plate avec laquelle il leur appliquait des coups dans la main ou sur les ongles réunis, d'après la gravité du crime à expier. Le plus grand silence régna à l'instant même dans la classe, sous le regard formidable que le maître promena circulairement sur ses élèves.

— Maître Épiphane, dit Onésime, voici deux merlans que j'ai mis de côté pour vous, ce sont les plus beaux que j'aie jamais vus.

— Merci, Onésime, merci, j'ai mon dîner d'aujourd'hui, ce sera pour demain ; mets-les sur la cheminée.

— Maître Épiphane, je voudrais bien vous parler.

— Parle.

— Mais c'est que ce que j'ai à vous dire sera un peu long.

— Eh bien ! nous allons nous mettre dans la cour.

Il se leva, et prenant sa règle :

— Vous voyez, vous autres, dit-il, que je prends Jacqueline avec moi ; je ne vous dis que cela, et, s'il arrivait que vous bavardassiez ou que vous fissiez le moindre bruit, j'ai un œil et une oreille sur vous.

Maître Épiphane était un grand homme sec avec la figure jaune et le nez rouge, de grands yeux d'un bleu pâle, hébétés ; il paraissait avoir quarante ans ; ses cheveux, châtain clair, étaient prétentieusement frisés sur les faces. Il était vêtu d'une redingote verte râpée à collet crasseux ; il avait sur le côté de la tête un chapeau devenu gris et luisant qu'il ne quittait jamais. Il avait fait toute sorte de métiers, comme le disait Bérénice, mais il était maître d'école depuis une dizaine d'années ; son langage était à la fois pédant et incorrect ; ses saluts comme ses gestes étaient prétentieux ; il se croyait positivement un homme *comme il faut*, et attribuait à un sort ennemi les hasards par lesquels il ne vivait pas dans le *grand monde*. Il croyait, du reste, avoir été dans le monde à une époque où, demeurant dans une grande ville, il avait beaucoup hanté les cafés ; depuis qu'il était maître d'école, il s'était abandonné à la boisson ; personne pourtant ne le voyait jamais ivre ; il ne buvait immodérément que la nuit, enfermé chez lui ; son ivresse se passait à peu près dans le sommeil, il ne lui en restait le lendemain matin qu'une somnolence et un hébétement qui avait fini par rester sur son visage et dans son regard. Outre ses fonctions d'instituteur et de secrétaire de la mairie, il était chantre à l'église, sonnait les cloches et jouait du violon ou du flageolet pour faire danser à certains dimanches.

Il s'appuya sur un arbre voisin de la porte de la classe qu'il laissa ouverte.

— A présent, parle, Onésime, dit-il, tu es maintenant un homme, et on peut causer avec toi.

Onésime lui dit :

— Savez-vous, maître Épiphane, ce que c'est qu'un cavalier accompli?

— Oui, certes, répondit le maître d'école, et il y a quelque vingt ans j'étais alors militaire et en garnison à Metz, et j'ai entendu dire quelquefois de moi : « Voilà un cavalier accompli. »

— Est-il vrai, maître Épiphane, que pour être un cavalier accompli il faille savoir tant de choses?

— Mais à quoi bon toutes ces questions, Onésime?

Le bruit s'était graduellement élevé dans la classe jusqu'à un affreux tintamarre. Maître Épiphane ôta ses sabots et s'avança sans bruit jusqu'à la porte ; mais les écoliers avaient placé une sentinelle, et, quand il fut à portée de voir dans la classe, tout était parfaitement en ordre, et on aurait entendu une mouche voler. Il les enveloppa de son plus terrible regard, et en avisant un qui paraissait étudier avec la plus profonde attention, la tête dans les deux mains et les deux coudes sur la table :

— Tu es bien rouge, petit Pierre, dit-il, tu n'as pas toujours si bien étudié, je te rattraperai.

Il revint alors à son arbre. Au bout de quelques instants, on commença à causer tout bas, puis un sourd murmure de voix confuses alla toujours en croissant, jusqu'au moment où le tumulte arriva encore une fois à son comble. La poule se mit à jeter des cris de détresse. Un des écoliers avait réussi à la saisir, et un autre la lui disputait. L'un la tenait par la tête et l'autre par une aile. Quand maître Épiphane accourut, on lâcha promptement la poule, qui se sauva dehors, hérissée, un peu plumée et haletante, puis le silence se fit derechef. Le maître changea de place pour mieux voir dans la classe et pouvoir entremêler sa conversation avec Onésime d'avertissements adressés à ses écoliers.

— Où en étions-nous? dit-il au jeune pêcheur.

— Je vous demandais, maître Épiphane, s'il était vrai qu'il *faille* savoir tant de choses pour être un cavalier accompli?

— Je vais te dire ce que je savais. J'étais de première force au billard; à une époque où j'étais à Paris, j'étais alors fabricant de colle forte, je jouais avec Eugène, un garçon de café le plus fort de Paris. Eh bien! il ne me rendait qu'un point et il ne me gagnait pas toujours. J'étais toujours très-bien mis : un col en baleine, une chaîne sur mon gilet, des bagues aux mains, des bottes à talon; en un mot, tout ce qui constitue l'élégance... Hé! là-bas, Léon, Jacqueline va aller te caresser les côtes!... Je faisais des armes, la canne, le bâton, le chausson, tout. Après que j'ai eu quitté Paris, j'étais, à Châlons-sur-Saône, sous-directeur d'assurances contre l'incendie. Je me rappelle; j'ai désarmé, avec un simple manche à balai, trois soldats avec lesquels je m'étais pris de querelle dans un cabaret. Je suis sûr qu'on en parle encore dans la ville. Je jouais du violon et du flageolet... Hé! là-bas, petit Pierre, je te vais allonger les cheveux!... J'ai une fois fait danser les dames de la ville, un dimanche, à Pithiviers, où j'étais élève en pharmacie. J'étais ensuite invité partout; c'était à qui m'aurait. Après ça, il faut dire que je n'avais pas mon pareil pour dire des choses flatteuses aux dames. J'étais le bienvenu dans les meilleures maisons... Ah! tu montes sur la table, Jean-Louis; ah bien! nous allons rire un moment. Viens ici... Vous ne voulez pas venir, Jean-Louis? Je voudrais bien voir que vous ne vinssiez pas!

Jean-Louis arriva en rechignant, et il reçut trois coups de règle dans la main, après quoi il s'en retourna en pleurant à sa place.

— Écoute ici, Claude. Allons, n'aie pas peur, ce n'est pas Jacqueline qui te demande. Apporte-moi la boîte au sel qui est accrochée dans la cheminée. Là, prends-en une petite poignée. Là, pas tant... Bien... Tu vas raccrocher la boîte à sa place et tu mettras le sel dans la marmite qui est sur le poêle... Mais enfin, Onésime, est-ce que tu veux devenir un cavalier accompli? Qui est-ce qui t'a parlé de cavalier accompli? C'est un mot qui ne se prononce pas souvent à Dive, du moins je ne l'ai jamais entendu.

— Et faut-il aussi savoir lire et écrire? demanda Onésime.

— Certainement.

— Eh bien! maître Épiphane, je payerai ce qu'il faudra. Le merlan va bien et on a vu déjà des harengs par le nord; mais il faut que dans un an je sois un cavalier accompli.

— Hé! là-bas, je vais vous faire rire. Jacqueline va achever de vous égayer.

Ce qui faisait rire les enfants, c'est que Claude, en mettant le sel dans la marmite, y avait mis également une poignée de poudre à faire sécher l'écriture. Le silence eut cette fois peine à se rétablir. Les enfants riaient malgré eux. Un petit blond, appelé Émile, reçut quatre coups de règle sur le bout des doigts, poussa des cris affreux et retourna à sa place en tirant la langue à maître Épiphane, qui s'était détourné.

— Un an! mon pauvre Onésime, quand il y a tant de gens qui n'y réussissent pas dans toute leur vie; mais quelle fantaisie te prend donc?

— J'ai des amis d'enfance qui sont en pension à Paris, et je ne veux pas leur faire honte quand ils reviendront.

— C'est bien. Les maîtres de Paris font payer plus cher; mais il n'y en a pas un que je craigne en rien... Hé! petit Pierre et Maurice, je vais aller vous aider à vous battre. Jacqueline va se mettre seule contre vous deux... C'est égal, je vas t'apprendre ce que je sais. Tu viendras dans tous les moments que tu ne passeras pas à la mer, et les jours de mauvais temps nous piocherons. Je ne te dis pas que tu deviendras en un an ce qu'on appelle un cavalier accompli; mais le plus fort des élèves de Paris aura encore à te demander des leçons.

La poule, qui s'était rassurée et était rentrée dans la classe, fut, cette fois encore, prise par petit Pierre. Petit Pierre, voyant le maître se retourner, s'assit sur la poule pour l'empêcher de crier. Maître Épiphane convint avec Onésime qu'il viendrait dès le lendemain et qu'on commencerait à la fois les armes, la musique, la lecture et l'écriture. Puis, comme c'était l'heure d'aller sonner à l'église, il déclara la classe finie. Petit Pierre alors voulut délivrer et chasser la poule; mais la pauvre bête était morte. Il la poussa avec le pied sous la table du maître, et toute l'école joyeuse s'enfuit en courant par les chemins.

X

Chez les Malais, tout était bouleversé. Tout en s'y prenant un peu plus tard qu'Onésime, ils se trouvaient dans une situation analogue. Ils n'avaient songé jusque-là qu'à être riches, il s'agissait d'être maintenant des gens *comme il faut*. La vieillesse avait donné un assez bel aspect au château de Beuzeval. Ce n'était, à proprement parler, qu'une grande maison normande dans toute l'acception du mot. Sous un toit aigu, elle était rayée de gris et de noir. Le parc était entouré de vieux murs couverts de lierre, qui les avait d'abord fatigués et écrasés, et maintenant les soutenait. Dans les fentes et sur la crête du mur fleurissaient des giroflées et s'étalaient des pariétaires et des espèces de fougères. On blanchit le plâtre de la maison, on arracha les beaux vieux lierres, on reconstruisit certaines parties des murs et on reblanchit le reste, ce qui fut unanimement jugé *plus propre*. On enleva quelques tapisseries un peu vieilles, il est vrai, mais d'un beau caractère, qui couvraient de temps immémorial les murs du salon; on remplaça les tapisseries par un papier rouge *imitant* la moire; on mit au grenier les vieux meubles en bois sculpté, pour faire place à ceux qui avaient été commandés à Paris et qui arrivaient successivement. On mit les escaliers en couleur rouge de sang, on les cira et les frotta de la manière la plus dangereuse. Il fallait descendre et monter très-lentement en tenant la rampe, si l'on ne voulait pas se rompre le cou. Il y avait devant la maison un groupe de vieux châtaigniers, ils furent jetés bas et remplacés par douze caisses d'orangers bien taillés en boule, une feuille ne dépassant pas l'autre.

M. Malais s'était fait faire des habits à Paris et il avait rapporté de magnifiques étoffes pour Dorothée, qui avait fait couper et coudre six robes neuves par la meilleure couturière de Trouville, qu'elle avait fait venir à Beuzeval. Les six robes, malgré quelques observations de la couturière, furent taillées sur la fameuse robe rapportée de Paris une quinzaine d'années auparavant.

— Mademoiselle, dit avec un air superbe Dorothée Malais, c'est la mode de Paris. Je l'y ai fait faire moi-même et je l'en ai rapportée moi-même.

C'était, du reste, une robe à taille courte, descendant un peu au-dessous de la cheville, étroite comme un fourreau, comme on les faisait à cette époque, où il ne fallait pour une robe que cinq aunes de l'étoffe dont il faut aujourd'hui dix ou douze aunes, je crois, de telle sorte que, les étoffes ayant été achetées à Paris par M. Malais, à son dernier voyage, il se trouva que la moitié de chaque robe suffit pour en faire une semblable au modèle. Madame Malais pensa alors qu'elle donnerait l'autre moitié à Pulchérie, qui recevrait ainsi un cadeau de six belles robes.

On fit faire une livrée pour les domestiques, ce que Pulchérie avait fort recommandé. Puis on s'occupa des chambres d'amis. Je crois que si l'on avait eu le temps, on aurait fait abattre et reconstruire la maison. Faute de goût, M. et madame Malais se décidèrent dans leurs choix pour ce qu'il y avait de plus cher. La vieille voiture fut vendue, ainsi que le vieux cheval gris, devenu blanc par l'âge. Éloi Alain, le meunier, qui passait pour connaisseur en chevaux, fut chargé d'en trouver deux bien pareils pour une calèche que l'on faisait venir de Caen. Le meunier gagna cinq cents francs sur les deux chevaux, plus cent francs que M. Malais lui donna pour la peine qu'il avait prise.

A la cabane de Risque-Tout, on faisait aussi des préparatifs. Bérénice et Pélagie tenaient la maison dans une minutieuse propreté. Onésime avait bouleversé le jardin de trente pas de long qui était derrière la maison. Il avait arraché les jacinthes, les anémones et toutes les fleurs printanières, et n'y avait admis que celles qui fleurissent naturellement à l'époque où Pulchérie devait arriver à Dive. Il était fort assidu à prendre ses leçons avec le clerc. Il apprenait sur le flageolet un quadrille qui composait toute la science de maître Épiphane. En fait d'armes, il faisait de notables progrès dans l'art du bâton et du chausson. Pour les personnes qui ne connaissent pas ces escrimes, il est facile de les faire assister à une leçon. Le maître et l'élève tiennent chacun un bâton de quatre pieds et demi.

ÉPIPHANE. — Attention, la douzième division du bâton est une des plus salutaires, elle s'exécute en trente temps. Mets-toi à la première position, *développe* en marchant deux coups de figure à droite ; tourne sur les talons en trois temps par trois coups de bâton à gauche, deux autres coups de figure à droite, un coup de tête, coup de flanc à droite et à gauche, une enlevée de poignet, un coup de bout, coup de figure double à droite et à gauche, enlevée ; finis par un coup de trousse-menton, et coup de figure à droite et à gauche. Cette division, comme je te l'ai dit, est des plus salutaires; tous les maîtres ne la font pas faire ; je l'ai apprise à Rouen, où j'étais filateur d'indiennes. Passons maintenant à la leçon de chausson. Coup de pied droit doublé pour l'attaque ; je riposte par un coup de poing à la figure, parade du coup de poing, coups de pied voltés en dedans et en dehors, passement et contre-passement de jambes, feinte de coup de poing de poitrine, coup de poing sur l'oreille, ramassement de jambes en dedans et en dehors, coup de pied au flanc, parade croisée du coup de pied de flanc, coup de pied de gencives, ramassement de jambes. Bien ! pas de roideur. Si tu donnes le coup de pied de gencives en baissant à plat le pied qui reste à terre, tu tombes sur le dos à la moindre parade. Sur la pointe du pied, plus haut, aux gencives ! c'est mieux !

Onésime, souple et vigoureux, réussissait parfaitement dans ce qu'il croyait être *les armes;* mais, dans la lecture et dans l'écriture, il était loin de faire d'aussi rapides progrès.

Cependant Marie avait quitté la maison de Saint-Denis après le concours auquel Pulchérie avait passé dans la classe des blanches unies, sous la férule d'une dame distinguée, madame de Ciony. Une correspondance s'engagea entre elle et Marie, correspondance aussi active que le permettait la difficulté d'écrire pour Pulchérie. Tous les dimanches, une domestique de confiance venait de la part de Marie demander Pulchérie au parloir, où on échangeait bien vite les lettres.

Pulchérie Malais à Marie de Fondois.

« Tu vas maintenant rire de nos bals, toi qui es dans le monde ; cependant celui d'avant-hier a été on ne peut plus brillant ; il a eu lieu dans les ateliers de dessin ; on avait mis à contribution pour l'éclairage tous les quinquets de la maison et tous les lustres de la chapelle. Le bal a commencé à six heures. Madame la surintendante y assistait avec le grand cordon de la Légion d'honneur ; nous avons défilé devant elle, classe par classe ; toutes les dames étaient en toilette. Pour nous, on nous avait distribué les affreux gants de coton blanc d'ordonnance ; je les ai jetés sous une banquette aussitôt que madame Charton a eu passé son inspection, et j'ai mis en évidence de beaux petits gants couleur paille qui me gantaient on ne peut mieux. Je te dirai qu'il y a une petite de la classe nacarat liséré qui *court après moi;* elle s'est déjà fait punir pour errer dans les couloirs auprès de la classe blanche ; elle m'offre des fleurs ; elle est venue m'inviter à danser dans le quadrille de sa classe, où elle a été mon cavalier. Je l'ai ensuite amenée dans le quadrille de la classe blanche, où j'ai été cavalier à mon tour ; mais, ces deux contredanses finies, je n'ai plus dansé avec elle ; je n'ai guère dansé qu'avec des dames et des novices pour lesquelles j'ai été un cavalier très-galant.

« On a, comme de coutume, jusqu'à neuf heures, offert de *l'abondance* entre les contredanses ; à neuf heures, on a servi la collation : gâteaux, glaces, punch ; puis on a encore dansé jusqu'à deux heures. . . . .

. . . .

« Je viens de jouer avec un bruit affreux sur le piano l'air des chasseurs de *Robin des Bois,* parce que madame Médard m'avait déjà demandé deux fois ce que j'écrivais ; à quoi j'ai répondu que je copiais un air de Weber, et je suis allée lui demander une prise de tabac qu'elle m'a donnée avec sa grâce ordinaire. Après avoir ainsi remis le calme dans l'esprit de la vénérable dame noire, j'ai pu reprendre ma lettre. Combien il me semble que les jours s'écoulent lentement ! ce ne sont plus les vacances que nous attendons cette fois, c'est la liberté ! et quel charmant été nous allons passer à Beuzeval ! Adieu ! je t'embrasse.

« Pulchérie Malais.

« Quel est donc ce jeune homme qui accompagnait ta mère quand vous êtes venues me voir ? J'ai à peine osé lever les yeux sur lui, il m'a paru très-bien mis. »

Marie de Fondois à Pulchérie Malais.

« Ce jeune homme est notre cousin, mais de plus il est un de mes attentifs. C'est mon esclave, mon serf, et je te défends bien de jamais lever les yeux sur lui. S'il est bien mis ! Personne au monde ne s'habille comme lui. Sa cravate ne fait pas un seul pli, ses gants sont toujours d'une fraîcheur irréprochable, et il n'a étonné personne l'autre soir en avouant qu'il lui fallait trois paires de gants par jour. Il danse et valse à ravir. Il a une canne dont la pomme est un charmant bijou ; elle est en or, toute semée de petites turquoises ; il est toujours en bottes vernies.

On se l'arrache dans toutes les maisons; c'est un homme charmant. J'ai dansé à propos d'une fête, car il n'y a plus de soirées en cette saison, justement le jour de votre fameux bal. Nous étions au bal toutes deux. J'ai dansé quatre fois avec lui. Je ne veux pas trop te parler de ce bal, à toi, pauvre petite, qui viens de t'amuser si bien au bal de l'atelier de dessin. Dis-moi seulement quelle différence il y a entre l'abondance qu'on vous prodigue et le punch qu'on vous distribue. L'un n'est-il pas de l'eau froide légèrement colorée en rouge, et l'autre de l'eau chaude plus légèrement colorée en jaune? Rien n'est donc changé dans ces solennités. Les grandes coquettes, celles dont le luxe écrase leurs rivales, sont toujours celles qui ont une paire de gants nettoyée pendant huit jours avec de la gomme élastique, ou qui mettent leur ceinture un peu plus sur le bord des épaules, au risque de se faire gourmander par la dame inspectrice, si son œil inévitable découvre une si grave infraction aux lois, un si condamnable excès de coquetterie.

« Et moi aussi j'avais des gants, des gants blancs demi-longs, car j'avais les bras nus. J'avais deux bracelets : l'un était un gros serpent avec une belle émeraude sur la tête, l'autre une tresse de corail fermée par un tête de corail sculptée. J'avais une robe de tulle blanc; j'étais, que dirait-on là-bas!

j'étais décolletée. Je t'avoue que moi-même j'étais un peu embarrassée et un peu honteuse quand je me suis vue ainsi ; mais quand j'ai examiné toutes les femmes, il y en avait plus de soixante, quand j'ai vu que j'étais beaucoup moins décolletée que celle qui l'était le moins, j'ai repris un peu courage. Je n'ai pas besoin de te dire avec quel empressement j'ai renoncé aux bandeaux d'ordonnance de la maison de Saint-Denis. J'avais les cheveux frisés, avec une couronne de roses pâles ravissantes, et puis nous avions pour danser de vrais cavaliers. Je ne doute pas que tu n'aies été le plus charmant cavalier de votre bal ; mais, vois-tu, pour danser, le moindre mauvais petit homme vaut mieux que la plus ravissante fille du monde. J'aurais bien voulu que tu me visses ainsi habillée, et je voudrais bien te voir aussi en costume humain. On m'a fait les plus jolis compliments et les mieux tournés, du moins à ce qu'il m'a paru. Prends patience ; encore trois mois, et tu quitteras pour n'y jamais rentrer les vieux murs de Saint-Denis. Je serai très-contente de passer avec toi l'été dans le château de ton père, mais, si tu veux que je te parle franchement, ce n'est pas l'été qui me promet le plus de plaisirs; nous avons eu assez, il me semble, de plaisirs champêtres à Saint-Denis ; c'est l'hiver que j'attends avec impatience, c'est l'hiver que j'espère bien passer avec toi à Paris; c'est cet hiver que nous allons commencer à vivre.

« MARIE DE FONDOIS.

« Nous irons te voir, maman et moi, dimanche prochain. Si le cousin nous accompagne, tu voudras bien avoir toujours la même réserve et respecter mes conquêtes. Ceci est une alliance qu'il faudra nous jurer. Adieu. »

XI

Il faisait nuit. Tranquille Alain et Onésime, favorisés par le vent et la marée, revenaient à Dive après une pêche assez heureuse. Une brise légère tenait la voile gonflée. Risque-Tout nettoyait le poisson en fumant sa petite pipe, tandis qu'Onésime, à demi couché sur le banc du canot, tenait la barre du gouvernail d'une main, et de l'autre l'écoute de la voile.

— Quelle heure peut-il être, mon père? demanda-t-il tout à coup à Tranquille Alain. Ce ne peut pas être le jour qui commencerait à poindre; d'ailleurs c'est trop sur Beuzeval.

Tranquille leva la tête et vit ce qui excitait l'étonnement de son fils. Une grande lueur se montrait au-dessus de Beuzeval.

— C'est le feu! dit-il.

Et en même temps, soit qu'ils approchassent davantage, soit que le feu prît plus d'intensité, tous deux distinguèrent une épaisse fumée et des pointes de flammes qui dardaient au ciel.

— C'est le feu! répéta Tranquille Alain. Fais servir la voile. La brise prend de la force et, si elle active le feu, elle nous fait aussi marcher plus vite. Est-ce au château? Il y a tant de fumée, que je suis tout désorienté.

Ils gardèrent un moment le silence; Onésime mettait toute son application à faire avancer le canot.

— Écoute, dit Alain, écoute; on sonne le tocsin à l'église de Beuzeval. Est-ce qu'ils ne font que de s'apercevoir du feu? Serre un peu l'écoute de misaine. Voici venir là-bas une petite rafale qui nous fera faire de la route.

Dix minutes plus tard, ils entraient dans la Dive et tiraient leur canot sur la grève. Quelques personnes, réveillées par le tocsin, étaient sorties de leurs maisons.

— Il y a le feu! dit Onésime aux premiers qu'il rencontra; il y a le feu à Beuzeval.

— Est-ce au château?

— Non, dit un pêcheur, c'est au moulin de ton cousin Éloi.

Le père et le fils, à ces mots, prirent leur course, gravirent la côte, et ne tardèrent pas à arriver auprès du moulin. Trente personnes s'y étaient déjà rendues ; mais, quoique l'eau ne manquât pas, la confusion des travailleurs et la violence du feu rendaient jusque-là les secours peu efficaces.

— Où est donc le cousin? demanda Tranquille.

— Il est... il est perdu, répondit un des assistants.

— Est-il dans le moulin?

— Oui. L'entendez-vous crier et appeler à l'aide?

Et en effet, en ce moment, on entendit une voix horriblement déchirante crier du haut du moulin :

— Au secours! à l'aide! au secours!

— Mais comment ne se sauve-t-il pas? Le feu est encore dans le bas; il n'y en a pas où il est.

— L'escalier est embrasé.

— Il pourrait se jeter par la fenêtre, ou au moins pourquoi n'y paraît-il pas?

— On l'y a vu un moment, puis il a disparu tout à coup, et depuis on ne l'entend plus que crier. Il faut qu'il se soit blessé, ou peut-être le feu est-il plus avancé au dedans qu'au dehors.

Onésime, pendant ce temps, s'était à plusieurs reprises précipité sur l'escalier embrasé; chaque fois il avait été repoussé par la fumée. Puis l'escalier craqua et tomba. La voix du meunier appela au secours avec une expression de désespoir encore plus effrayante.

— Des échelles ! des échelles ! demanda Onésime.

On en réunit deux qu'on attacha promptement ensemble avec ces nœuds que savent faire les marins. Elles n'arrivaient pas tout à fait jusqu'à la fenêtre. Néanmoins Onésime s'amarra une longue corde autour du corps, et, arrivé au haut de l'échelle, se cramponnant des pieds et des mains, il finit par atteindre la fenêtre, se hissa avec une force surhumaine et disparut dans la chambre. Le meunier cessa de crier. Il y eut quelques instants d'une effroyable anxiété. Avait-il cessé ses cris en voyant du secours, ou était-il tombé dans la flamme? Et, dans ce cas, quel était le sort d'Onésime ? Quelques minutes se passèrent ainsi. Un grand craquement se fit entendre ; il sembla que tout s'abîmait. Onésime parut à la fenêtre pâle, mais les yeux étincelants ; il tenait dans ses bras le meunier, qu'il venait d'attacher à la corde qu'il avait emportée, et dont il avait fait une sorte de fauteuil.

— Un homme à l'échelle ! cria-t-il.

Tranquille ne voulut permettre à aucun autre d'aller au secours de son fils. Pour Onésime, il fit avec sa corde un *tour mort* après une pièce de bois au dedans du moulin, de façon qu'elle ne pouvait lui échapper ; puis il descendit tout doucement Éloi Alain jusqu'à l'échelle où son père le reçut.

— Prenez garde! cria-t-il, il a une jambe cassée.

On se passa de main en main le meunier; mais au moment où Risque-Tout venait de le livrer à son plus proche voisin, et où celui-ci, également monté sur l'échelle, le passait à un troisième, l'échelle fit entendre un craquement et se brisa en plusieurs morceaux. Les deux hommes qui se trouvaient dessus roulèrent par terre, sans se blesser grièvement.

— Mais Onésime, que va-t-il faire? s'écria Tranquille.

Onésime, aussitôt qu'il avait vu ce dernier accident, avait amarré solidement la corde, et, s'y suspendant des mains et des pieds, il arriva à terre sans encombre; seulement ses cheveux étaient roussis ainsi que ses vêtements. L'émotion qu'avaient ressentie les spectateurs pendant le sauvetage du meunier avait suspendu les travaux; le feu avait fait de nouveaux progrès pendant qu'on transportait le meunier dans une de ses écuries, bâtiment non attenant au moulin. On se remit à l'ouvrage, et au bout de quelques heures on se rendit maître du feu, qui avait détruit la plus grande partie du moulin. Éloi Alain ne s'était aperçu du feu que lorsqu'il s'était senti étouffé par la fumée; il s'était alors réveillé en sursaut, et, dans son trouble, était tombé dans un escalier où il s'était cassé une jambe. Depuis ce moment, il était resté dans d'horribles angoisses; il n'avait pu que se traîner en rampant pour s'éloigner le plus possible du centre de l'incendie. Pendant près d'une heure, malgré ses cris, personne n'avait pu venir à son secours. Tout porte à croire que le feu n'avait pas été mis par hasard au moulin d'Éloi. L'habitation dans laquelle on faisait du feu pour la cuisine et les autres usages domestiques ne tenait pas au moulin. Un débiteur du meunier était venu le voir dans la matinée et lui avait demandé un peu de temps pour le payement d'une dette ; c'était un père de famille. Il avait imploré la compassion d'Éloi, sans pouvoir en tirer la moindre concession. On devait quelques jours après vendre ses bestiaux et ses outils ; sa femme et ses enfants allaient être réduits à la plus horrible misère, tandis que si maître Éloi voulait, avec un intérêt raisonnable bien entendu, lui accorder pour payer jusqu'à la récolte, tout irait bien, il serait payé, et il n'aurait pas jeté toute une famille dans la misère et le désespoir. Le meunier avait été inflexible ; le débiteur l'avait quitté en le menaçant de la vengeance du ciel, et c'est dans la nuit qui suivit immédiatement cette journée que le feu s'était déclaré avec une si effroyable violence dans un bâtiment où on n'en faisait jamais. On prétendit avoir vu à la tombée de la nuit un homme rôder autour du petit étang qui sert de réservoir et de retenue d'eau pour le moulin.

Éloi ne tarda pas à être guéri ; il témoigna

avec effusion sa reconnaissance pour Onésime.

— Certes, ce sont des gens à qui j'ai rendu de grands services, disait-il ; mais je ne puis nier qu'ils ne se soient montrés reconnaissants, et je ne comptais plus guère que sur l'indulgence de Dieu, lorsque j'ai vu Onésime entrer par la fenêtre ; il m'a semblé vraiment qu'il descendait du ciel. Déjà je ne pouvais plus, tant ma jambe me faisait souffrir, m'éloigner du feu dont la chaleur faisait petiller mes cheveux. C'est à lui que je dois la vie. Je perds beaucoup, le moulin est entièrement à reconstruire ; mais enfin le pauvre garçon ne pouvait sauver le moulin, quoiqu'il y ait bien travaillé. Je ne suis pas marié, je n'ai pas d'enfants ; je n'en dis pas davantage. D'ailleurs, personne ne pourra trouver à redire à rien ; Onésime est mon petit-cousin.

Comme le cousin Éloi était riche, on eut bientôt reconstruit le moulin ; mais de ce moment, grâce à la pensée qu'il avait de nommer Onésime son héritier, il se croyait d'autant mieux fondé à se faire donner des poissons et à se servir de lui à tout propos, de sorte qu'il faisait porter intérêt à sa reconnaissance et que ses dons même lui étaient d'un bon rapport. Onésime, qui, dans cette occasion, avait trouvé une force surhumaine, avait reçu un coup à la tête et une brûlure à la jambe. Un mois après l'événement, comme à l'issue de la messe, le dimanche, tout le monde était rassemblé dans l'église, le curé monta dans la chaire, et dit :

— Mes chers paroissiens, entre autres biens dont nous avons à remercier Dieu, nous lui devons des actions de grâce pour la façon presque miraculeuse dont il a sauvé le meunier de Beuzeval dans l'incendie qui a dévoré son moulin. Dieu, dans les plus grands effets de sa volonté, aime à employer les plus faibles de ses créatures, pour montrer aux hommes que toute force vient de lui. C'est un jeune homme, que nous n'osons plus appeler un enfant depuis qu'il a donné aux hommes un tel exemple de courage et de sang-froid, à qui Dieu a inspiré sa force et son dévouement. Le roi vient d'envoyer à M. le maire de Dive une récompense pour Onésime Alain ; cette récompense est une médaille en argent sur laquelle est gravé le fait qui a donné lieu à la récompense. La voici.

Et en même temps le curé fit voir une médaille attachée à un ruban tricolore.

— M. le maire, par un sentiment de piété éclairée, a pensé que c'était dans l'église que cette récompense devait être décernée à celui qui l'a si bien méritée. Nous devons tous honorer cette décoration que portera le généreux jeune homme. Entre les signes de distinction qu'il a plu aux hommes d'imaginer, Dieu, qui ne les distingue que par leurs vertus, doit voir avec plus de faveur celui qui témoigne qu'on a sauvé la vie d'un de ses semblables, tandis que presque toutes les autres décorations sont données en récompense du plus grand nombre d'hommes qu'ont tués ceux qui les obtiennent. Si nous honorons donc la décoration qui va être placée sur la poitrine de l'instrument que Dieu a choisi pour accomplir une œuvre de miséricorde, lui-même saura qu'il doit se montrer digne de la mission que Dieu a daigné lui confier; il saura que cette marque, à ses yeux à lui, ne doit pas tant rappeler ce qu'il a fait que ce qu'il doit faire. Sa vie doit être consacrée aux bonnes œuvres et aux actes de dévouement.

Le curé descendit de la chaire, vint se placer à l'entrée du chœur, et là:

— Onésime Alain, reprit-il à haute voix, venez vous agenouiller ici pour recevoir avec humilité une honorable et glorieuse récompense.

Onésime se leva le visage en feu et les yeux baissés, la démarche incertaine; il vint se mettre à genoux devant le curé, qui lui dit:

— La récompense vous intimide plus que le danger.

Puis il lui attacha la médaille sur la poitrine et l'embrassa.

A la sortie de l'église, tout le monde entourait Onésime et le félicitait; tous les hommes lui donnaient la main comme à un homme. Les filles étaient fières de lui dire bonjour familièrement. Bérénice, qui lui donnait le bras pour s'en retourner à la maison, lui disait :

— Comme je suis fière ! tu es mon frère à moi. Et toi, Onésime, tu dois être bien heureux.

— Oui, dit-il ; mais pourquoi Pulchérie n'est-elle pas là ?

Le lendemain, Onésime reprit ses travaux comme de coutume. Il mettait sa médaille le dimanche pour aller à la messe, comme le curé le lui avait recommandé, en lui disant :

— Pas de fausse modestie, mon enfant ; ce n'est que la vanité avec l'hypocrisie de plus. Tu as le droit d'être fier de cette distinction. Tu la porteras le dimanche.

Un jour, une femme se présenta à Dive, demanda où demeurait maître Épiphane Garandin. Arrivée à la classe, elle eut avec lui une conversation de quelques minutes ; puis elle s'installa dans la maison, dont elle prit l'administration et la direction. Au besoin même, elle tenait la classe pendant que maître Épiphane était obligé de s'absenter, et elle la tenait de façon à se faire redouter des plus mutins. On apprit que cette femme n'était autre que madame Garandin, la propre et légitime femme de maître Épiphane Garandin, qu'il avait laissée et oubliée par mégarde, il y avait nombre d'années, dans la ville de Reims, où il avait formé un établissement. Madame Garandin, dans l'origine, paraissait fort aise de l'abandon de son ingrat époux; car leur ménage avait toujours été rempli d'agitations ; mais, après quelques années, le commerce tourna mal, et madame Garandin se rappela qu'elle avait des devoirs à remplir et des droits à exercer auprès de celui que l'Église et la loi avaient uni à son sort. Comme les deux époux n'avaient pas eu une correspondance bien suivie, elle eut quelque peine d'abord à savoir où elle devait aller se livrer à la pratique de toutes les vertus conjugales. Enfin elle avait fini par découvrir celui dont elle avait à faire le bonheur. Maître Épiphane, de même qu'il n'avait pas été fâché de quitter sa femme dans le temps, ne parut pas non plus très-désolé de la retrouver. Le maître d'école était un esprit inconstant, tout changement était auprès de lui le bienvenu. Il y avait longtemps qu'il était maître d'école, et il n'aurait peut-être pas tardé à consacrer ses talents à quelque autre industrie, si ce nouvel élément n'était venu mettre dans sa vie un peu de variété.

Les deux familles qui avaient passé l'été précédent à Dive et à Beuzeval étaient revenues cette année. Elles en avaient fait venir deux autres ; le hasard en amena une cinquième. Jamais pareille affluence n'avait envahi la place de Dive. Dive, de ce moment, était constituée en ville de bains. Le meunier, qui ne laissait pas volontiers échapper une occasion de gagner de l'argent, s'en était fait une sorte de devoir depuis l'incendie de son moulin. Il loua à une de ces familles étrangères les deux chambres qui composaient son logis, et s'arrangea pour coucher dans l'écurie. Il fit de plus construire deux cabanes à l'usage des baigneurs, et il fit placer un poteau auprès de ces cabanes. Sur ce poteau était un écriteau, et sur l'écriteau cette inscription : *Bains de mer à la lame*. Si quelques habitants de Dive et de Beuzeval *possédaient*, comme ils le disaient eux-mêmes, le bienfait de l'écriture, il n'y avait que le maître d'école qui eût une belle écriture et qui sût à peu près l'orthographe. C'était le seul qui possédât en réalité le talent de l'écriture au point où elle atteint son but, qui est de pouvoir être lue. On avait donc dû s'adresser à lui pour l'écriteau qui annonçait l'établissement d'Éloi Alain. Éloi, pour ne pas avoir à le payer, avait essayé de lui faire croire que ce serait pour lui un très-grand avantage que d'avoir ainsi en bon lieu un spécimen de sa plus belle écriture, ce qui donnerait incontestablement aux riches étrangers qui fréquenteraient le nouvel établissement l'idée de se perfectionner dans l'art de l'écriture sous la direction de maître Épiphane Garandin. Le maître d'école ne répondit pas ; mais il résolut de ne pas s'en tenir à cet avantage, qui ne lui apparaissait pas aussi brillant que le meunier voulait le lui faire voir. Il s'occupa à l'instant même de créer un établissement rival. Il fit installer également deux cabanes avec une inscription à peu près semblable : *Bains à la lame.* Il n'avait pas cru devoir mentionner, comme son concurrent, qu'il s'agissait de bains de mer. La chose lui paraissait suffisamment éclaircie par la situation des établissements. Le meunier, qui n'était pas accoutumé qu'on lui résistât ou qu'on s'opposât à lui en quelque chose, fut fort irrité de cette lutte qui s'engageait. Maître Épiphane, auquel il n'avait jamais voulu prêter d'argent, ne se trouvait pas dans sa dépendance. Le meunier fit faire une troisième cabane, exemple qui fut suivi immédiatement par le maître d'école; mais, quand Éloi Alain fit paraître une quatrième cabane, maître Épiphane reconnut que la chose dépassait ses ressources financières. Il n'était pas probable qu'Éloi lui ouvrît un crédit qui aurait été un aide bien puissant aux destinées du nouvel établissement. Il pensa que ce n'était plus sur le terrain des dépenses qu'il fallait porter un combat dans lequel il se sentait vaincu dès les premiers coups. A Éloi Alain l'influence des capitaux, à Épiphane Garandin les succès dus à l'intelligence et à la supériorité de l'éducation. Il y avait parmi les étrangers installés à Dive un certain nombre d'Anglais. On ne tarda pas à voir un second écriteau, formidable par ses dimensions, s'élever au-dessus des cabanes du maître d'école, et cet écriteau portait l'inscription suivante : *Garandin's Bath.* C'était un coup habile. Les Anglais furent singulièrement flattés de cet hommage rendu à leur langue et à eux-mêmes. Ils se réunirent de préférence aux bains tenus par madame Garandin. Le meunier déclara maître Épiphane un intrigant ; mais celui-ci parut s'en soucier fort médiocrement.

Bientôt survint un grand événement très-attendu. Les de Fondois arrivèrent au château de Beuzeval avec Pulchérie et Marie. Le château s'était mis en quatre pour les recevoir. Ce pauvre vieux château, recrépi, rebadigeonné maladroitement, était changé à ne plus le reconnaître. Il avait, de bonne vieille, simple et pittoresque maison qu'il était, reçu de ses maîtres un cachet de prétention ridicule. Il avait tout l'air du parvenu endimanché. Dès le lendemain de son arrivée, Pulchérie se leva de bon matin pour voir si ses parents n'avaient pas fait quelque faute capitale. Elle fit réformer certaines choses, en fit ajouter certaines autres ; mais au total elle se montra satisfaite. Elle se sentait assez embarrassée à cause de ses amis de Dive. Ils ne pouvaient pas ignorer son arrivée, et elle ne pouvait se dispenser d'aller les voir aussitôt ; d'ailleurs elle avait gardé une réelle affection pour eux ; mais elle ne savait pas si Marie et les de Fondois se verraient avec plaisir compromis dans une intimité avec des paysans comme la famille Alain. Elle prit le parti de se mettre en route clandestinement un matin pour aller seule faire la visite qu'elle devait et qu'elle voulait faire. Elle avait bien un peu préparé la chose dans ses conversations avec Marie, mais elle n'avait pas pris sur elle de dire qu'elle avait été jusqu'à onze ans un des enfants de Pélagie et de Tranquille, et que c'était par un coup du hasard qu'elle n'était pas *dentellière* comme Bérénice. Elle s'était contentée de dire que Pélagie Alain avait été sa nourrice et Bérénice sa sœur de lait. Malgré ces préparations, elle pensait que la familiarité des enfants et l'affection mélangée d'un peu d'autorité des parents pourraient sembler bizarre à son amie de Saint-Denis; aussi le matin de très-bonne heure elle entr'ouvrit sa porte sans faire de bruit, et descendit au jardin. Comme elle allait franchir la grille, elle ne fut pas médiocrement désappointée d'y rencontrer Marie, qui, réveillée depuis longtemps, grâce aux habitudes de Saint-Denis qu'elle n'avait pas encore eu le temps de perdre tout à fait, se promenait dans les allées. Pulchérie, préoccupée de son entreprise clandestine, ne vit pas Marie d'abord, et fut assez effrayée quand celle-ci, la saisissant par le bras, lui dit :

— Eh ! où allez-vous si matin, belle châtelaine ? Quelque chevalier vous attend-il avec un palefroi tout sellé pour vous dérober à la tyrannie d'un tuteur barbare qui vous refuse à ses feux ? Pourquoi quittez-vous aussi sournoisement le manoir ?

Pulchérie, d'abord un peu interdite, se décida à avouer qu'elle allait voir sa nourrice ; que c'étaient des gens excellents, des *cœurs d'or*, mais de vrais paysans, des pêcheurs sans aucune éducation, sauf la petite Bérénice, qui, arrivée à lire à peu près couramment et à écrire sans orthographe, passait dans la famille pour une sorte de phénomène et en était l'oracle. Elle pensait que les tendresses un peu familières et la joie bruyante de ces braves gens n'auraient aucun charme pour mademoiselle de Fondois, et elle se proposait de ne pas lui en faire prendre sa part. Marie prétendit au contraire qu'elle voyageait pour observer et pour s'instruire, qu'elle voulait étudier les mœurs des naturels du pays, que plus elles seraient différentes de ce qu'elle voyait d'ordinaire, plus cette étude aurait pour elle d'intérêt et d'agrément ; que si elle désirait quelque chose au monde, c'était que la famille Alain fût exclusivement composée de sauvages, et qu'elle exigeait que Pulchérie l'emmenât dans la visite qu'elle voulait leur faire.

Pulchérie fut à la fois embarrassée et fâchée d'avoir parlé de ses amis sur un ton à moitié léger qui autorisait le ton tout à fait léger de Marie. Elle pensait bien que les Alain ne s'attendaient pas à des airs de protection de sa part ni de celle d'une personne qu'elle présentait comme son amie, qu'Onésime et Bérénice croiraient devoir vivre avec elle dans la même familiarité qu'autrefois, et elle était à peu près sûre que d'abord Marie accueillerait très-mal cette familiarité, si elle s'adressait à elle, et qu'elle-même perdrait dans son esprit, si elle ne savait pas se conduire d'une certaine façon. Elle parla de remettre sa visite à un autre moment. Cependant Marie insista, et elle-même comprenait qu'elle avait déjà beaucoup trop tardé, et que le cœur de ses amis en avait dû souffrir. Les deux jeunes filles prirent leurs chapeaux de paille, sortirent du château et descendirent la côte de Beuzeval. On parlait d'elles dans la maison de Tranquille Alain lorsqu'elles frappèrent à la porte. Risque-Tout et son fils revenaient de la pêche et s'étaient attablés devant une bonne gamelle de soupe. Ils n'avaient pris le temps d'ôter ni leur cotillon ni leurs bottes, ni leurs paletots de pêche. La matinée du reste était bonne, et, disait Alain quelques instants auparavant:

— Pulchérie n'est pas encore venue nous voir.

— Il faut qu'elle soit malade, dit Pélagie. Je vais y envoyer Bérénice.

— Il faut prendre garde, la femme, dit Tranquille; il ne faut pas se rendre importuns. Pulchérie est devenue une demoiselle, et nous devons l'attendre. C'est nous qui sommes pauvres, c'est nous qui devons être fiers.

— Oh! répondit Pélagie avec une grande

douceur, Pulchérie ne peut s'empêcher d'être notre fille.

Onésime ne disait rien, mais son cœur était très-froissé. Il s'était attendu à ce que Pulchérie, lors de son arrivée, prendrait à peine le temps d'embrasser les Malais, et descendrait en courant comme une jeune biche jusqu'à la cabane de Dive ; car, disait-il, les Malais ne sont que ses parents d'argent, et nous, nous sommes ses parents de cœur. Bérénice disait :

— Pulchérie va venir, et elle nous expliquera cela.

A ce moment, Pulchérie et Marie entrèrent dans la cabane. Ce fut un cri de joie qui remplit toute la pauvre maison et la fit tressaillir d'aise. Pulchérie oublia Marie et tomba dans les bras de Pélagie et de Bérénice ; elle alla ensuite à Tranquille, qui l'embrassa sur les deux joues. Onésime allait en faire autant ; mais il aperçut Marie, et d'ailleurs Pulchérie, qu'il n'avait pas revue depuis qu'elle avait quitté Dive, était tellement changée, qu'il s'intimida et fit gauchement une révérence maladroite qu'il devait aux leçons de maître Épiphane, son professeur de belles manières.

— Eh bien ! dit Risque-Tout, voilà que tu n'oses pas embrasser Pulchérie. Embrasse-le alors, toi, Pulchérie ; embrasse ton frère.

Pulchérie n'osa pas désobéir à l'ordre de Tranquille, et elle vint tendre ses joues à Onésime, qui, du pauvre baiser honteux qu'il y posa, ne dut pas seulement en froisser le rose duvet.

Pulchérie pensa alors à Marie et dit à Pélagie :

— Mademoiselle est mon amie, mademoiselle de Fondois.

— Est-ce Marie ? demanda Bérénice ; alors nous sommes amies aussi, et je puis bien t'embrasser.

Marie fut un peu suffoquée du tutoiement et de l'embrassade ; elle se tint roide et laissa voir un air étonné.

— Eh bien ! vous ne vous asseyez pas ? dit Tranquille. Peut-être que Pulchérie se gêne ici ?

Cette question souleva un bon franc rire dans la famille, qui fut encore augmenté lorsque Tranquille, voyant le succès de sa plaisanterie, ajouta :

— Dame ! quand on est chez des étrangers, quand on n'est pas chez soi et qu'on ne connaît pas les êtres d'une maison...

Marie se remit un peu et s'habitua aux gens de la cabane, qui s'extasièrent sur son joli visage et la blancheur de ses mains.

— Et Pulchérie aussi a maintenant les mains bien blanches. Comme elles sont belles toutes les deux ! disait Pélagie.

Pour Bérénice, elle se rapprocha de Pulchérie et ne se permit plus aucune familiarité avec Marie. Les deux jeunes filles dirent qu'elles s'étaient échappées sans rien dire,

Pulchérie ne voulant pas attendre plus longtemps pour voir ses amis. Elles devaient rentrer tout de suite, pour ne pas donner d'inquiétude ; elles reviendraient ; d'ailleurs elles devaient prendre des bains de mer, et elles prieraient bien Onésime de les promener quelquefois dans le canot.

— C'est ton filleul, le canot, dit Pélagie, et tout ce qui est ici est à toi comme aux autres.

Pulchérie embrassa encore Pélagie et Bérénice. Tranquille la prit par la tête et lui donna un gros baiser sur le front. Onésime n'osait plus ; il allait essayer encore ses fameuses révérences, lorsqu'il vit que son père le regardait. Alors il s'avança vers Pulchérie ; mais celle-ci lui donna la main à la façon des Anglaises. Il resta un peu interdit. Bérénice dit à Marie :

— Adieu ! mademoiselle, au plaisir de vous revoir.

On leur demanda si elles ne voulaient pas boire un coup de cidre. Elles refusèrent et se mirent en route. Les habitants de la cabane évitèrent de se communiquer leurs impressions. Tranquille fut un peu brusque et bourru. Bérénice prit sa dentelle. Pélagie vaqua aux soins du ménage. Onésime prit le nettoyage du canot pour prétexte de rester seul.

XII

Nous allons quitter un peu le bord de la mer, pour faire connaissance avec des acteurs de cette histoire qui n'ont pas encore paru dans notre récit. Cependant il est nécessaire que je donne ici une sorte de portrait des jeunes filles que nous connaissons déjà. Marie était petite, frêle, blonde; sa beauté consistait surtout en jeunesse et en fraîcheur; ses yeux bien fendus, en amandes, comme on dit, n'avaient pas une expression bien marquée. Pulchérie avait les cheveux châtain foncé; elle était grande et admirablement bien faite; sa taille était souple et riche, ses membres forts et fins. Sa voix, un peu basse, avait un charme sympathique indéfinissable, tandis que celle de Marie, qui avait laissé à Saint-Denis une réputation de chanteuse, était une voix de soprano un peu aiguë.

M. Ernest de Fondois à M. le comte Urbain de Morville.

« Vous êtes mon débiteur, mon cher Urbain; vous vous rappelez notre gageure à propos de madame ***; eh bien! il avait été convenu que celui qui perdrait serait à la discrétion complète de l'autre pendant huit jours, et serait obligé de se charger à ses frais du bonheur tout entier de son heureux vainqueur pendant toute une semaine, sans pouvoir faire la moindre objection à quoi que ce soit. Voici le moment arrivé de vous acquitter envers moi. Il me plaît de dépenser en ce moment mes huit jours de bonheur. Venez donc me les dispenser. Je veux partir demain en chaise de poste. Je vous dirai au moment de partir où je veux aller. Il me faut un ami gai, spirituel ; arrangez-vous pour l'être. Prenez beaucoup d'argent, parce que je compte ne me priver de rien. J'aurai un courrier pour faire préparer les relais. Je donne trois francs de guides aux postillons ; j'aime à aller fort vite. Je pars à midi, demain. Vous commanderez un déjeuner, pour six personnes, au Café de Paris. La chaise de poste viendra nous y chercher ; elle aura été prendre mes bagages chez moi. Je veux du vin de Chypre frappé. Je n'emmène pas de domestique. Adieu.

« ERNEST DE FONDOÏS. »

Ernest de Fondoïs n'était autre que le cousin de Marie. Il ne reçut aucune réponse de M. de Morville. Il ordonna à son domestique de préparer sa malle, qu'une chaise de poste viendrait prendre. Pour lui, il se rendit au Café de Paris, en costume de voyage. Il y avait donné rendez-vous à quatre amis témoins de son pari avec Morville. Quand il arriva, à onze heures, on l'attendait pour se mettre à table. M. de Morville, également en costume de voyage, était avec les quatre autres convives. Les petites bouteilles de vin de Chypre étaient dans la glace. On servit les huîtres. Morville ne fit aucune allusion au pari. Il se contentait d'une ponctualité entière.

A midi moins un quart, la chaise de poste était devant le café; à midi et demi, Morville et Ernest prirent congé de leurs amis. Alors seulement, et quand le postillon fut à cheval, Ernest dit :

— Route de Normandie.

Le postillon fit claquer son fouet, et les chevaux partirent au galop.

— Je voudrais des cigares, dit Ernest.

Urbain, sans répondre, tira d'une poche de la voiture une boîte entière de panatellas, il battit le briquet, et présenta du feu à Ernest. Tous deux sortirent de Paris sans avoir échangé une parole. En allumant un second cigare, Ernest daigna parler à son esclave.

— Nous allons dans un endroit où je ne suis jamais allé, et que je ne connais pas; nous allons à Beuzeval; ce doit être quelque chose sur la route de Caen; c'est positivement au bord de la mer, puisque j'y vais prendre des bains... Ah çà! Urbain, combien donnez-vous donc de guides à ce drôle qu'il nous mène si mal?

— Vous m'avez dit de donner trois francs.

—Donnez-en quatre alors, je veux aller vite.

— Postillon, vous aurez quatre francs de guides et marchez.

— C'est mieux. Je vous disais donc que nous allions prendre des bains de mer ; j'ai dans cet endroit une respectable fraction de ma famille, y compris une adorable petite cousine de seize ans dont je suis très-épris ; il s'agit de passer deux mois auprès d'elle ; les parents, je crois, n'ont rien contre les résultats probables de la passion que leur fille m'a inspirée, et ne seront pas fâchés de me voir. Seulement, comme ils sont là dans je ne sais quel château, chez des quasi-amis à eux que je connais peu ou point, il faut que je fasse connaissance avec leurs hôtes, et j'ai besoin de votre société pendant les premiers jours de mon installation.

— Pensez-vous donc à vous marier, Ernest?

— Je ne pense à rien du tout ; je suis amoureux de ma petite cousine.

— Mais songez donc raisonnablement...

— Je vous défends bien de troubler par de pareils adverbes les huit jours de bonheur que vous me devez. Jusqu'ici je vous ai trouvé fidèle à vos devoirs, j'espère à votre retour à Paris avoir à rendre de votre conduite un compte honorable pour vous.

A ce moment, il était trois heures. Ernest regarda sur la route ; elle était complétement déserte : on n'apercevait aucune maison jusqu'à la distance où le regard pouvait s'étendre. Il sourit légèrement et dit :

— J'ai faim.

Urbain ordonna au postillon d'arrêter ; il chercha dans un coffre de la voiture, et en tira un perdreau et une bouteille de vin de Madère, plus, d'un très-beau nécessaire de voyage, tout ce qui était utile pour manger.

— Mangerai-je avec vous ?

— Oui, certes ; je suis content de vous, je croyais vous embarrasser.

— Pas pour si peu de chose.

Quand on eut suffisamment bu et mangé, on se remit en route. Le soir, on dîna. Urbain avait emporté de quoi suppléer à l'insuffisance de l'auberge. Les deux amis passèrent leur temps entre le dîner et l'heure du sommeil à boire du punch et à fumer.

. . . .

La lutte était acharnée entre les bains de Dive et ceux de Beuzeval. Si le meunier avait plus d'argent, le clerc avait plus d'imagination et plus d'audace. Les deux femmes qui tenaient les bains rivaux, madame Épiphane et la servante du meunier, devinrent en peu de temps ennemies mortelles. Les Malais se baignaient chez madame Épiphane. M. Malais redoutait le meunier et ses sarcasmes haineux. Le petit nombre de personnages étrangers à notre histoire, qui s'étaient rendus au bord de la mer s'étaient partagés au hasard entre les deux établissements. Un piquet séparait le domaine du clerc de celui du meunier. Cependant chacune des deux femmes prétendait que ses bains étaient infiniment supérieurs à ceux de sa concurrente.

— Il y a de la place au soleil pour tout le monde, disait Désirée, la servante du meunier, en rajustant son bonnet de coton, affreuse coiffure des femmes normandes les jours de travail. Les bains de *mame* Épiphane, c'est rien du tout ; d'abord c'est pas la mer, c'est dans la Dive. Le monde vient pour prendre des bains de mer, on le fait baigner dans l'eau douce.

— Je ne veux dire de mal de personne, disait madame Épiphane ; mais la plage de cette pauvre Désirée, c'est tout cailloux, galets et coquilles, qui coupent les pieds du monde ; puis, une fois que le beau monde va quelque part, il ne va pas ailleurs ; ici, c'est tout Anglais, tout monde comme il faut.

— Par la grâce de Dieu, disait Désirée, il n'y a pas d'Anglais qui viennent chez nous ; on n'entend pas le baragouin qu'ils parlent devant le monde et qu'ils font semblant de comprendre entre eux, quoique je sache bien que quand il n'y a personne et qu'ils ne sont qu'eux, quand ils veulent se comprendre, ils se remettent à parler français comme tout le monde. Des gens qu'on dirait qu'ils sont d'une autre espèce que les autres hommes, tant ils sont fiers et peu affables...

Il est vrai de dire que l'enthousiasme que

madame Épiphane professait pour les Anglais avait été rapporté par elle de ses pérégrinations, car, en Normandie, s'ils excitent encore l'avidité, et conséquemment les respects extérieurs de l'habitant des villes et des paysans, à cause de leur ancienne réputation de richesse et de libéralité, fort diminuée aujourd'hui, le pêcheur, le marin les considère tout autrement.

Le pêcheur est bien plus pauvre que le cultivateur, mais il est courageux, désintéressé, fier de son pays, serviable et en même temps indépendant ; pour rien au monde il ne détournerait les yeux de la mer, lorsqu'il n'est pas dessus, tant qu'il a à manger pour vingt-quatre heures. Le cultivateur devient tout doucement propriétaire ; il est conseiller municipal, il est maire, il est marguillier, il est surtout riche ; il mange bien, il boit mieux. Le pêcheur n'a jamais rien et n'est jamais rien ; mais, s'il sait moins lire que le paysan, il a cependant l'esprit plus élevé, plus vif, plus pittoresque. C'est une éducation tout entière que de contempler l'Océan. Il ne voudrait pas changer de vie et de condition avec le paysan. Ce sont les pêcheurs qui font et imposent la langue. A vingt lieues dans les terres, on dit *amarrer* pour attacher, *avoir vent debout* pour avoir mauvaise chance, *mettre tout dehors* pour mettre toute sa puissance à quelque chose, *aller en dérive* pour ne pas réussir, *étaler* pour lutter sans désavantage, etc. Si un pêcheur veut humilier un autre pêcheur, il l'appelle *berquer* (berger, paysan). Il se raconte une fois par semaine au moins une histoire qui fait toujours également rire ; si celui qui vient de la raconter l'entend redire par un autre une demi-heure après, il rira comme s'il l'entendait pour la première fois. C'est l'histoire d'un paysan, d'un *berquer* qui va à la mer, qui se fait pêcheur. Il *met hors* ses appelets (filets) ; pour les retrouver, il prend des *amers*. Par exemple, on voit les arbres de la ferme à Paul Frémoni par-dessus la maison des signaux ; eh bien ! pour revoir le lendemain les arbres à Paul Frémoni par-dessus les signaux, il faut que vous soyez précisément à la mer à la place où vous étiez hier. Mais le *berquer*, il voit une *vaque* (vache) paissant sur la falaise ; il ne connaît que ça, c'est bien son affaire. Il prend la *vaque* pour *amer*, *il met hors* et s'en va ; mais le lendemain la *vaque* a changé de place, et il ne retrouve plus ses appelets. Quand un pêcheur est triste, il n'a qu'à se raconter à lui-même cette histoire, il rira. Il n'y a dans un petit bourg que trois ou quatre plaisanteries que l'on refait tous les jours, et qui suffisent pour faire rire de génération en génération.

Donc le marin, le pêcheur n'aime pas *l'Anglais*. Quand un navire anglais est en danger, il en est singulièrement heureux, surtout si c'est par une maladresse ou une manœuvre.

— Oh! les *feignants*, oh! les *berquers*; ils vont *masquer*.

— Dis donc rien.

— Il va manquer à virer.

— C'est vrai, il a manqué à virer. *Espère* un peu qu'il reprenne de *l'erre*. (*Espère* veut dire *attends*.)

— Ah bien! ouiche, de *l'erre!* le v'là sur les roches, sur la pierre à Jean Beaufils.

— C'est pas là qu'il va se crever le ventre; la pierre à Jean Beaufils lui a pardonné, mais la *moulière* ne lui pardonnera pas.

Puis, quand leurs vœux sont exaucés, quand l'Anglais échoue, quand le navire fait eau de toutes parts, quand la mer balaye le pont et le démolit planche à planche, ces mêmes hommes qui ne désiraient au monde que sa destruction vont se précipiter à l'envi dans de frêles embarcations pour aller se jeter dans le danger qu'ils ont souhaité à leurs ennemis, s'exposent aux périls les plus effroyables pour les sauver, et très-souvent périssent avec eux.

Revenons à Désirée et à madame Épiphane.

Elles ne se bornaient pas à mal parler de leurs établissements respectifs, elles ne se ménageaient pas davantage elles-mêmes. Puis elles attaquaient et accablaient de leur mépris les pratiques l'une de l'autre.

— Le soleil luit pour tout le monde, disait Désirée, mais on ne sait pas trop d'où vient *mame* Épiphane.

— Je ne veux dire de mal de personne, disait madame Épiphane, mais on sait ce que c'est que Désirée, la servante pour tout faire du meunier.

— *Mame* Épiphane, la femme pour ne rien faire du clerc.

Le hasard fit que nos deux voyageurs se logèrent chez le meunier ; naturellement ils se baignèrent à son établissement. Aussi madame Épiphane déclara que ce n'était pas grand'chose, que c'était du petit monde, des commis voyageurs tout au plus. De leur côté, les deux amis firent des questions à Désirée. Ernest demanda quelques renseignements sur les Malais.

— C'est des marchands de bœufs, répondit Désirée.

— Il y en a donc plusieurs? demanda Ernest; ceux dont je vous parle sont des gens comme il faut, qui ont un château ; ils s'appellent Malais de Beuzeval.

— Les Malais sont marchands de bœufs de père en fils depuis deux cents ans, dit Désirée. Le soleil luit pour tout le monde, mais quant à ceux d'aujourd'hui, il luit beaucoup pour eux. Ça a de l'argent, ça a un château, ça fait les seigneurs, ça se fait appeler de Beuzeval ! Et moi aussi, quand je vais à Dive, on m'appelle Désirée de Beuzeval, parce qu'il y a une Désirée à Dive, que son amant s'est perdu (noyé) à la baleine il y a quatre ans; mais ça n'empêche pas que c'est des marchands de bœufs. Ça se baigne chez madame Épiphane.

Les deux amis sourirent. Ce dernier mot leur expliquait à un certain point les renseignements défavorables qu'ils recevaient sur les Malais.

— Ils doivent avoir des amis chez eux? continua Ernest.

— Oui, dit Désirée, un vieil homme et sa femme, si toutefois ils sont mariés, car, après tout, je n'ai pas vu leur contrat et je n'étais pas à leur noce. Ça doit être des marchands de bœufs aussi.

— N'y a-t-il pas une jeune personne?

— Oui, une jeunesse pas bien jolie ; c'est hardi comme un page. Après ça, il n'y a que du monde drôle chez madame Épiphane. C'est comme la nièce aux Malais. Ça a d'abord couru ici sur la plage avec les enfants à Risque-Tout; c'était nu-pieds, c'était hâlé, et puis ça a été à Paris et ça en est revenu demoiselle, et ça fait sa duchesse. C'est tout de même une nièce de marchands de bœufs.

Le même jour, M. de Fondois dit à sa femme et sa fille :

— Je vous assure que j'ai vu Ernest. Il est ici.

— Vraiment? dit Marie de son air le plus étonné.

— Il est avec un ami, le comte Urbain de Morville.

— Et tu es bien sûr, demanda madame de Fondois, que ce soit Ernest?

On fit quelques questions à madame Épiphane :

— Était-il arrivé de nouveaux voyageurs, des étrangers ?

— Oui, dit madame Épiphane. Il y a deux jeunes gens chez le meunier. Je ne veux dire de mal de personne, mais c'est tout de même un drôle de monde. Ils ont des casquettes comme on n'en voit pas ; ça m'a l'air d'être des intrigants.

Quelques jours après, on se rencontra sur la limite des deux établissements. Les Fondois ne voulaient pas paraître faire trop d'avances à leur neveu, qui ne s'était pas encore déclaré. Cependant Ernest dit en souriant que, les bains de mer lui ayant été ordonnés, il n'avait pas hésité à choisir un endroit où il savait devoir les rencontrer. Il présenta son ami. M. de Beuzeval se montra fort gracieux ; c'étaient deux personnes de plus pour admirer les récentes magnificences du château. Il invita Ernest et son ami à dîner pour le lendemain, qui était un dimanche, en disant avec une politesse de bon cœur :

— Je vous invite pour le premier dîner ; pour les autres, vous viendrez quand cela vous fera plaisir. On mettra votre couvert. Monsieur votre ami reste-t-il longtemps ?

— Il reste encore trois jours, parce que je le veux ; ensuite il rentre dans ses droits d'homme libre.

On demanda quelques explications. Ernest

raconta la gageure qu'il avait gagnée, et que payait si magnifiquement le jeune comte. Comme le soleil gênait un peu les dames, Ernest dit à son ami :

— Il faut qu'il y ait demain une tente ici.

On convint qu'on se réunirait le lendemain, et qu'après le bain on rentrerait ensemble au château pour le dîner.

Cependant Bérénice se sentait mal à l'aise entre Pulchérie et mademoiselle de Fondois. Toutes deux parlaient devant la pauvre fille de choses et de gens qui lui étaient inconnus. On s'efforçait bien de temps en temps de paraître s'intéresser à la mer, à la pêche ou à la dentelle; mais Bérénice sentait la complaisance et prenait un prétexte pour s'en aller. Ce fut bien pis encore lorsqu'on se réunit pour prendre les bains; elle évita d'aller sur la plage à ces heures-là. Pélagie lui dit :

— Est-ce que Pulchérie n'est pas bien pour toi, que tu ne vas pas la rejoindre?

— Au contraire, reprit Bérénice ; mais ma dentelle n'avance pas quand je suis avec ces demoiselles.

XIII

Onésime attendait le dimanche avec impatience, parce que, selon les conseils de Bérénice et de maître Épiphane, il s'était fait faire des habits bourgeois. Rien n'y manquait : il avait une longue redingote bleue touchant presque à terre, des bottes huilées à bout arrondi, un chapeau rond à très-longs poils qu'il n'ôtait jamais et des gants verts. A sa boutonnière était sa médaille attachée avec le ruban tricolore ; il portait un parapluie à la main. Le parapluie est, chez les marins, le signe du plus grand luxe. Il alla à la messe avec Pélagie, Tranquille et Bérénice. La famille Malais y était dans son banc avec madame et mademoiselle de Fondois. A la sortie de l'église, Onésime, malgré Bérénice qui le tiraillait, attendit à la porte la sortie de la famille. Il exécuta alors ponctuellement sa révérence d'après les leçons de maître Épiphane ; puis il salua tout le monde, chacun par son nom.

— Je vous salue, monsieur Malais, dit-il. Bonjour, madame Malais. Bonjour, Pulchérie. Bonjour, madame... Comment s'appelle cette dame ? demanda-t-il à Bérénice.

Et, sur sa réponse :

— Bonjour, madame Fondois et mademoiselle Fondois. Voilà un bien beau temps aujourd'hui.

— Un très-beau temps, Onésime. Nous allons en profiter pour aller déjeuner, nous déshabiller et descendre au bord de la mer attendre l'heure du bain.

— Voulez-vous vous promener en canot tantôt, mesdemoiselles ?

— Ah ! certainement, ce sera bien aimable à vous.

— Le canot est tout *paré* (prêt).

— A tantôt.

— A tantôt.

Comme, en s'en retournant, Bérénice et Onésime étaient près l'un de l'autre, Bérénice dit à son frère :

— Tiens, vois-tu, Onésime, si tu étais raisonnable, tu ne penserais plus à Pulchérie.

— Et pourquoi cela ?

— Tu vois bien qu'elle est très-changée.

— Est-ce que tu la trouves moins jolie ?

— Non certainement.

— Eh bien ! puisqu'elle est changée en mieux, ça n'est pas une raison de ne plus penser à elle ; au contraire.

— Ce n'est pas ça que je veux dire... Par exemple, saurais-tu jaser avec elle ?

— Certainement que je saurais. J'ai été un peu *empêché* l'autre fois quand elle est venue, parce que je ne l'attendais pas, que ça m'a fait un effet, et puis que j'avais mes hardes de pêche ; mais il me semble que je ne suis pas plus mal vêtu qu'un autre et que je peux parler à tout le monde.

Bérénice n'ajouta rien ; elle croyait trouver son frère plus préparé à entendre la vérité. Pour Onésime, il alla se promener sur la plage. On commençait à se baigner ; mais ni les de Fondois, ni les Malais, n'étaient encore arrivés. Selon les ordres d'Ernest, la tente avait été dressée dès le matin. Elle était fort belle ; le dedans était meublé avec une élégance suffisamment simple. Ernest et le comte fumaient en devisant. Onésime alla d'abord causer avec madame Épiphane, qui lui fit des remarques désobligeantes sur les personnes qui se baignaient chez Désirée. Cette femme était trop maigre et celle-ci trop grasse, cette autre causait trop librement avec les hommes. Elle était bien heureuse de n'avoir pas affaire à du monde comme ça.

— Et qu'est-ce que c'est que cette tente, *mame* Épiphane ?

— C'est des baigneurs de chez la Désirée qui l'ont fait dresser ce matin. C'est des acteurs, à ce qu'on dit ; c'est pour y faire leurs tours.

Onésime alla regarder la tente. Son bizarre accoutrement excita l'attention des deux Parisiens.

—Monsieur est-il du pays ? demanda Ernest.

— Oui, monsieur, répondit Onésime.

— Je demande pardon à monsieur. C'est que, le voyant mis à la mode de Paris, je le prenais pour un étranger.

— Monsieur, il faut bien être un peu propre le dimanche; les autres jours, on a ses habits de travail.

— C'est trop juste. Monsieur fume-t-il?

— Oui, monsieur.

— Voulez-vous me permettre de vous offrir un cigare?

— Vous êtes bien honnête, monsieur, ça n'est pas de refus.

Onésime accepta le cigare qui lui était offert, l'alluma par le bout qu'il faut mettre dans la bouche, et le fuma à grands efforts de poumons.

— Comment trouvez-vous cela, monsieur?

— C'est *une assez bonne cigare;* mais j'aime mieux ma bouffarde.

— Qu'est-ce que monsieur appelle sa bouffarde? demanda le comte.

— C'est ma pipe que voilà.

Et Onésime tira de sa poche une petite pipe courte et noire, qu'il débourra en causant.

— Voici une jolie pipe!

— Jolie n'est pas le mot, mais elle fait son usage.

— Monsieur est-il le maire ou le garde-champêtre? demanda le comte.

— Non, monsieur, je n'ai pas cet honneur; je suis pêcheur.

— Très-bien. Monsieur voudrait-il me donner l'adresse de son chapelier?

— Pourquoi faire?

— Parce que monsieur a un chapeau ravissant et que je suis décidé à en avoir un pareil. Je ne regarderai pas au prix, mais j'en veux un.

— Ma foi, monsieur, je ne pourrai pas vous dire son nom. Tout ce que je sais, c'est que je l'ai acheté à *Hennequeville*, derrière *Trouville*, et je ne crois pas qu'il y ait deux chapeliers dans Hennequeville.

— Monsieur, je vous remercie infiniment.

— Il n'y a pas de quoi.

Onésime jeta le bout de son cigare, tira de sa poche une patte d'albatros pleine de tabac, bourra sa pipe et demanda du feu au comte. A ce moment parurent les deux familles du château.

— Comte, voici notre monde, dit Ernest.

— Ah! voilà Pulchérie, dit Onésime en donnant, comme toujours, à ce nom la prononciation de *chéri*.

— Vous dites... monsieur?

— Je dis Pulchérie.

Après l'échange des civilités ordinaires, les Malais reçurent le beau salut d'Onésime avec une indulgence protectrice.

— Laquelle de vous, mesdemoiselles, dit le comte, appelle-t-on Pul*chéri*e?

Et il prononçait comme Onésime.

— C'est moi que l'on appelle ainsi dans

le pays, où j'ai été élevée, monsieur.

On entra dans la tente, où l'on causa quelques instants. Onésime y entra comme les autres, sans attendre qu'on l'y invitât. On se sépara pour se baigner. Onésime demanda à Pulchérie si elle voudrait se promener après le bain, et, sur sa réponse, il alla préparer le bateau, en l'avertissant qu'elle eût à venir avec *sa société* auprès de leur maison. M. Malais seul accompagna les deux couples de jeunes gens. Pulchérie entra dans la maison pour embrasser Pélagie, et elle demanda à Bérénice si elle ne viendrait pas avec eux. Bérénice hésita et cependant y consentit.

— Nous voilà sept, dit Onésime, *arrimons-nous* bien, et ensuite que chacun reste tranquille à sa place.

Ernest se trouva à côté de sa cousine Pulchérie entre Bérénice et M. Malais. Le comte s'assit sur la pointe de la proue du canot, derrière Onésime qui ramait, et on descendit la Dive, le comte fixant sur Pulchérie des regards qui l'embarrassaient, sans lui être précisément désagréables. Quand on fut sorti de la rivière, Onésime hissa la voile, et il fallut alors qu'il changeât de place, pour tenir l'écoute de la voile et gouverner le canot. Il pria M. Malais d'aller prendre sa place à l'avant. Il soufflait une petite brise de sud-est qui faisait glisser le canot sans secousses. Ernest demanda plusieurs fois à Marie si elle n'était pas malade. Le comte fit la même question à Pulchérie. Onésime répondit pour elle :

— Pulchérie, malade à la mer ! ça serait drôle. Est-ce que les poissons et les mouettes ont le mal de mer ? Dites donc, monsieur, là-bas à l'avant, comment vous appelle-t-on, vous qui avez un petit ruban blanc et bleu à votre habit ? Il vous faut déranger un brin, parce que nous allons *hisser le foc* pour pouvoir serrer un peu plus le vent; sans cela, nous irions souper à Caen. Serrez la drisse de foc.

— Mon cher monsieur, dit le comte, je ne sais pas, je dois l'avouer, ce que c'est qu'un foc ni ce que c'est qu'une drisse. Je ne pourrai exécuter que la première partie de votre commandement, qui est de me déranger autant de *brins* qu'il vous plaira.

— Pulchérie, montre donc à monsieur ce que c'est que le foc et la drisse. Vous ne saviez pas, quand vous *crochiez* Pulchérie en venant au bateau, qu'elle était capable de le conduire aussi bien que moi.

Pulchérie devint très-rouge, et néanmoins fit la petite manœuvre commandée par Onésime.

— Bravo ! dit le comte; mais, monsieur, demanda-t-il à Onésime, qu'appelez-vous *crocher?*

— J'appelle crocher quand on se croche pour se promener ensemble; quand une femme fait une manière de demi-clef au bras d'un homme pour deviser avec lui en marchant. Dis donc, Pulchérie, te rappelles-tu la nuit que nous avons passée sur la mer, nous deux, le jour du baptême de notre filleul?

— Vous êtes parrain avec mademoiselle? dit le comte, qui s'expliquait difficilement la familiarité d'Onésime.

— Oui, et à preuve que c'est notre filleul qui a l'honneur de nous porter en ce moment.

Bérénice, qui s'apercevait du langage ironique du comte envers Onésime, surmonta sa timidité pour dire :

— Le parrain et la marraine avaient douze ans. Mademoiselle Pulchérie voulut essayer le canot auquel ils venaient de donner un nom. Onésime ne demandait pas mieux. Ils partirent, et firent si bien qu'on ne les retrouva que le lendemain assez tard, à moitié morts de faim et de froid, surtout Onésime, qui avait ôté ses hardes pour en couvrir Pulchérie.

M. Malais sentit qu'il fallait expliquer cette vie commune avec les pêcheurs qu'avait menée Pulchérie. Il conta que son frère, veuf, l'avait mise en nourrice chez Pélagie Alain, et que la petite fille ayant une santé délicate et à cause de la sollicitude qu'inspirait pour elle la mort si prématurée de sa mère, on l'avait laissée vivre chez son père nourricier jusqu'au moment où, toute sécurité étant acquise, on avait pensé pouvoir lui faire commencer son éducation. Pulchérie fut enchantée de cette explication ; le tutoiement obstiné d'Onésime l'embarrassait, et elle craignait que le comte n'y donnât quelque interprétation défavorable à son origine. Celui-ci, de son côté, sentait contre Onésime une sorte d'impatience, et d'ailleurs il n'était pas fâché de montrer l'esprit qu'il pensait avoir de la façon la plus facile, en mystifiant le pauvre pêcheur.

— M. Onésime n'a plus son beau chapeau de tantôt? dit-il.

— Non, monsieur, pas plus que ma redingote et mon pantalon des dimanches ; les hardes ne dureraient guère à la mer.

— Vous avez donc remis votre argent dans votre poche?

— Quel argent, monsieur ?

— Mais cette pièce de cent sous que vous aviez à la boutonnière.

— Ce n'est pas une pièce de cent sous, répondit Onésime, toujours trompé par l'air sérieux du comte.

Mais Bérénice, avec son tact féminin, prit encore la parole et raconta la belle action de son frère et la cérémonie qui avait eu lieu pour lui donner la médaille de sauvetage ; puis elle dit bas à Pulchérie :

— Vous voyez bien, mademoiselle Pulchérie, qu'on se moque d'Onésime, et ce n'est pas bien à vous de le souffrir.

Comme Pulchérie allait répondre, Onésime,

sans la moindre intention épigrammatique, dit au comte.

— Et vous, qu'est-ce que c'est que ce ruban que vous avez?

— C'est une croix d'Espagne, dit-il en rougissant un peu.

— Est-ce que vous avez servi dans ce pays-là?

— Non.

— Ah!... Et pourquoi est-ce qu'on vous a donné ça?

— Parce qu'il est cousin d'un *attaché* à l'ambassade d'Espagne, dit Ernest.

Le comte répondit par un sourire contraint, et se hâta de changer cette conversation, qui devenait embarrassante. Marie était un peu pâle. Pulchérie lui demanda si elle était souffrante, elle répondit qu'elle avait des vertiges; alors on vira de bord, et on ne tarda pas à rentrer dans la Dive et à mettre pied à terre. Ernest voulut donner de l'argent à Onésime, qui lui dit :

— Merci, monsieur. Le canot est à Pulchérie comme à moi. Si vous étiez seul avec votre ami, je ne dis pas; mais la société de Pulchérie ne me doit rien.

— Maintenant, dit M. Malais, remontons au château. Vous devez avoir bon appétit, et cette promenade aidera bien notre cuisinière à vous faire un bon dîner.

— Merci, Onésime, dit Pulchérie en lui donnant la main. Adieu, Bérénice, tu embrasseras Pélagie pour moi.

Le comte offrit son bras à Pulchérie. Ernest n'avait presque pas quitté celui de Marie, même dans le canot. Chemin faisant, le comte dit à Pulchérie :

— Vous avez beaucoup de douceur et de patience, mademoiselle, de permettre à ce garçon une pareille familiarité avec vous.

— J'aimerais mieux qu'il ne me tutoyât pas, certainement, dit Pulchérie; mais c'est un cœur si noble et si excellent, que je ne puis me décider à le chagriner.

— Ne pensez-vous pas, mademoiselle, qu'il y aura un jour quelqu'un qui aura le droit de trouver ces familiarités peu convenables?

Pulchérie rougit et ne répondit pas. Le lendemain, elle alla voir Pélagie avec Marie, et, prenant Bérénice à part, elle lui dit :

— J'aime bien Onésime, je n'oublie pas notre enfance passée ensemble ni la tendresse que vous m'avez montrée toute ma vie; mais il y a des convenances qu'il faut respecter. Nous ne sommes plus des enfants.... et puis.... tu devrais bien dire à Onésime de ne plus me tutoyer; toi, c'est différent, tu es une fille.... Mais je voudrais que cela vînt de toi.

Bérénice promit à Pulchérie de faire sa commission. Pulchérie avait cru devoir établir une nuance en permettant à Bérénice de la tutoyer; mais elle ne fut pas fâchée qu'elle n'en usât pas. Elle et Marie remontèrent par le moulin de Beuzeval, et suivirent la petite rivière. Marie sentit pour le petit étang du moulin une admiration inusitée ; elle s'arrêtait à admirer les petites anémones blanches épanouies sur l'eau, sur lesquelles venaient se poser des libellules aux ailes de gaze et au long corps d'émeraude. La même cause produisait sur les deux jeunes filles un effet contraire. Pulchérie hâtait le pas, parce qu'elles se trouvaient auprès du logement de *ces deux messieurs*, tandis que cette proximité entrait pour beaucoup dans l'attention que Marie accordait ce matin-là aux magnificences de la nature jusque dans leurs plus petits détails ; elles continuèrent leur route, et passant sur un aune abattu qui servait de pont, elles s'assirent au pied d'un saule sur une petite pelouse émaillée de myosotis aux fleurs bleues dont Pulchérie cueillit nonchalamment un bouquet pour avoir l'air de ne pas s'occuper exclusivement de la conversation.

— Le comte est amoureux de toi, dit Marie, voulant s'y prendre de loin pour amener la confidence qu'elle avait à faire, et n'étant pas fâchée de s'en faire faire d'abord une ; façon de prendre des otages.

— Folle ! répondit Pulchérie, qui se sentit le cœur serré.

— C'est aussi l'opinion d'Ernest, dit Marie.

Pulchérie cueillit avec plus d'attention les myosotis.

— Te plairait-il ? demanda Marie.

— C'est un homme très-distingué, reprit Pulchérie ; mais parle-moi de tes affaires, ajouta-t-elle pour reporter la guerre sur le territoire de l'ennemi.

— Eh bien ! Ernest m'a dit qu'il *m'adorait*, et toute sorte d'autres choses ravissantes, et, à l'heure qu'il est, il n'est pas impossible qu'il demande à mon père *la main de sa fille,* lequel père va la lui accorder avec empressement.

— Tu es heureuse, n'est-ce pas ? dit Pulchérie à Marie en l'embrassant.

— Oui, j'aime Ernest ; mais nos amours n'ont pas été comme j'aurais voulu. Mes parents s'attendaient à ce mariage et le désiraient ; ils nous donnaient avec soin des occasions d'être ensemble, et ils nous aidaient de leur mieux à tromper leur vigilance ; nous n'avons pas eu le plus petit obstacle à vaincre ; enfin je vais, à notre retour à Paris, épouser Ernest, et je n'aurai pas reçu une seule lettre d'amour, je ne saurai pas ce que c'est qu'une de ces lettres dont nous avons si souvent parlé. Mais est-ce que le comte ne t'a rien dit ?

— Des galanteries banales qu'on adresse à toutes les femmes.

— Ton roman sera plus intéressant que le mien. Tiens ! il paraît que nous ne sommes pas les premiers qui aient parlé d'amour sous cet arbre ; voici des chiffres tracés sur son écorce.

— Ce ne sont pas des chiffres d'amour, dit Pulchérie en riant et reconnaissant l'arbre.

— Quel est le nom qui peut commencer ainsi? dit Marie, car ce ne peut être un nom entier que P. O. B.

— Ce sont les premières lettres de trois noms : Pulchérie, Onésime, Bérénice ; c'est Bérénice qui les a inscrites la veille de mon départ pour Saint-Denis. As-tu un canif, quelque chose qui coupe?

— J'ai des ciseaux.

— Donne-moi-les.

Et Pulchérie enleva avec peine les trois lettres tracées sur l'arbre, et avec tant de peine, qu'elle se fit une coupure à un doigt qui saigna assez pour qu'elle dût l'envelopper de son mouchoir. La pauvre enfant sentait avec plaisir la petite douleur de la blessure. C'était pour l'homme qu'elle commençait à aimer qu'elle souffrait, car les paroles qu'il lui avait dites et la désapprobation de la familiarité d'Onésime résonnaient toujours dans son cœur. Elles entendirent du bruit en bas, et quoique toutes deux désirassent rencontrer ceux qui les préoccupaient, elles voulaient, Pulchérie surtout, être rencontrées malgré elles. Elles se levèrent et reprirent en pressant le pas le sentier qui longe la petite rivière. Les pas qu'elles avaient entendus étaient en effet ceux du comte, qui les avait vues de chez le meunier quand elles s'étaient arrêtées auprès du moulin, et qui, après quelques moments donnés à sa toilette, s'était mis en route pour les rencontrer par *hasard*. Ernest était, comme le pensait Marie, allé faire une visite à M. de Fondois au château de Beuzeval. Le matin, avant de partir, il avait dit à M. de Morville :

— Aujourd'hui est le dernier jour de ma puissance et de votre esclavage. Vous êtes libre à minuit; vous pouvez partir, si vous voulez, à minuit, après avoir payé toutes mes dépenses jusqu'à ce moment. Je veux qu'elles soient soldées avec une grande libéralité.

— Je me suis occupé de votre bonheur, dont j'avais l'entreprise pendant une semaine, dit Morville; mais je vais maintenant m'occuper du mien, et pour cela je ne m'en vais pas.

— Je m'en doutais, sans cela je ne vous aurais pas fait penser à votre départ. Vous êtes amoureux de mademoiselle Malais.

— Oui, elle est ravissante. Les parents sont bien un peu ridicules, mais ce ne sont qu'un oncle et une tante. Le père était officier. Pour l'oncle et la tante, nous ne les verrons pas, si ce n'est un peu l'été et chez eux.

— Leur nièce est leur héritière.

— C'est bien ainsi que je l'entends.

— Eh quoi! serait-ce de la dot que vous seriez amoureux?

— Non pas seulement de la dot, mais elle

a ses charmes aussi. Ma fortune est fort hypothéquée, et je n'aurais pu épouser Vénus elle-même sans dot. Il faut seulement que j'aie le consentement de mon père, auquel il est inutile de dire que le grand-père était marchand de bœufs.

Ce même matin, Onésime était allé trouver maître Épiphane pour prendre ses leçons et lui avait dit :

— Comment ça va-t-il finir avec Pulchérie? Elle est belle, belle, que j'en perds la tête. Elle a l'air de bien m'aimer tout de même ; mais enfin ce n'est pas une amitié comme en ont les filles avec les garçons quand ils doivent s'épouser. Ils vont se promener en se tenant par la main, le dimanche soir, et puis les parents conviennent de la chose. Je ne vois jamais Pulchérie seule. Il y a au château tout plein de monde qui ne la quitte pas.

— Il faut lui écrire ; tu trouveras bien moyen de lui donner ta lettre.

— Ah ! ça, c'est pas difficile ; mais je ne saurai jamais faire une lettre d'amour dans le bon style.

— Je te la ferai, et tu la recopieras.

— Ça me va.

Le clerc fit alors une lettre où Pulchérie était comparée *à Vénus*, où l'amour était appelé *le petit dieu malin*. Onésime s'expliquait en langage *précieux : il aimait le mal dont il mourait ; il ne voulait pas être guéri de sa blessure*. Pulchérie était *sa belle ennemie; il était destiné à mourir, car il mourrait nécessairement de douleur de ne pas la posséder ou de joie de la voir répondre à ses vœux*, etc. Onésime ne reconnut là dedans aucun symptôme de ce que lui faisait éprouver son amour très-réel et très-violent, mais il pensa que c'était mieux ainsi que de dire des choses naturelles, et il recopia la lettre sur du papier réglé avec la confiance qu'il avait mise à apprendre sa belle révérence. Comme il finissait de la copier, madame Épiphane rentra, qui dit, sans autre intention que de parler, qu'elle venait de rencontrer les deux demoiselles du château, qui y remontaient en suivant la rivière. Onésime cacheta la lettre avec de la mie de pain, et s'élança du côté de la rivière de Beuzeval à la poursuite de Marie et de Pulchérie. Il déboucha d'un fourré d'arbres en franchissant une haie et se trouva sur l'autre bord de la rivière, précisément en face du jeune comte, et en même temps que lui.

— Elles sont parties! pensa, en voyant le gazon encore froissé, Onésime, qui avait entendu leur voix.

Tous deux aperçurent au même instant le bouquet de myosotis que Pulchérie avait oublié sur le gazon; tous deux en même temps devinèrent, par un instinct mystérieux, que ce bouquet appartenait à Pulchérie!

— Hé! l'ami, dit à Onésime Morville en lui désignant le bouquet, jetez-moi ce bouquet, qui est dans l'herbe.

Et en même temps, par-dessus la rivière, il jetait à Onésime une pièce de cinq francs. Onésime se précipita sur le bouquet, et, renvoyant la pièce de cinq francs par le même chemin :

— Merci, monsieur, le bouquet vaut mieux que cela.

— Mieux que cinq francs?... Qu'à cela ne tienne, l'ami, je vous en donnerai bien dix.

— Oh! vous n'avez pas assez d'argent pour ce bouquet-là; il ira en retrouver un autre plus ancien, bien fané, mais qui vaut encore mieux.

— Je n'ai pas le temps de plaisanter avec vous, dit Morville d'un air dédaigneux ; jetez-moi ce bouquet, et ne m'obligez pas à aller le chercher.

— Il y a un pont à dix pas d'ici, dit Onésime.

Le comte hésita un moment, puis se mit à la poursuite des deux jeunes filles. Onésime allait en faire autant de son côté, lorsque ses yeux tombèrent sur l'arbre et sur la blessure récente qu'il avait reçue.

— Je ne me trompe pas, dit-il, c'est bien l'aune sur lequel Bérénice avait écrit nos trois noms. Est-ce que ce serait ce godelureau qui les aurait effacés? Si je le croyais, c'est moi qui l'aurais bientôt rejoint; mais c'est impossible; il arrivait en même temps que moi. Serait-ce donc Pulchérie? Elle était là il n'y a qu'un instant... mais pourquoi... Ce serait de la haine... Pulchérie ne peut pas me haïr.

Il tomba assis sur le gazon. Certes, s'il avait pu écrire ce qui passa pendant une heure dans son cœur et dans sa tête, il aurait fait une lettre bien plus touchante que la rapsodie que lui avait faite le clerc. Il aurait dit que Pulchérie était pour lui le monde entier, qu'il n'aimait plus qu'elle, et que personne ne l'aimait plus guère; que tout semblait comprendre autour de lui qu'il était tout entier à Pulchérie; son chien lui-même s'était tout doucement donné à Pacôme; il n'aimait même plus la mer. Il était heureux quand il faisait mauvais temps, parce qu'il restait à terre, où était Pulchérie, quoiqu'il ne la vît pas. Quelques jours se passèrent; le pauvre Onésime ne faisait qu'entrevoir Pulchérie, et elle était toujours entourée. Marie était revenue de la promenade sur la mer un peu indisposée, on ne parla pas d'en faire d'autres; d'ailleurs Onésime était presque toujours à la mer, et l'on sait que le père Risque-Tout n'observait pas bien régulièrement le dimanche. Pulchérie venait quelquefois à la maison voir Pélagie et Bérénice, mais le dédain qu'exprimait la physionomie de Morville, quand Onésime lui parlait un peu familièrement, faisait qu'elle choisissait pour ses visites les heures où Onésime était à la pêche. Un jour, Bérénice parla de son frère. Ernest avait accompagné Marie et Pulchérie à Dive,

— Onésime, dit-elle, n'est plus ignorant comme à votre départ. Quand il a vu que vous alliez devenir savante, il a voulu devenir savant aussi, pour pouvoir deviser avec vous comme par le passé.

— Et qu'a donc appris M. Onésime, qu'il est devenu si savant? demanda Ernest.

— Mais, monsieur, il sait lire, écrire et compter; il connaît la musique et les armes. Pour ce qui est des armes, je ne m'y connais pas, et je ne puis vous en rien dire; mais, pour ce qui est du flageolet, les filles de Dive disent toutes qu'elles ont moitié plus de plaisir quand c'est lui qui fait danser.

—Ah! dit Marie, il devrait bien venir nous faire danser quelquefois à Beuzeval. Il faut toujours qu'une de nous deux joue du piano, et comme nous ne sommes que quatre couples, encore quand les parents veulent bien figurer pour nous compléter, il n'y a pas moyen, nous sommes obligés de faire une figure en double. Puis, on ne peut pas transporter toujours le piano dans le parc. Ma petite Bérénice, venez avec lui dimanche.

Bérénice regarda Pulchérie, qui semblait indécise, mais qui finit par lui dire :

— Oui, venez tous les deux, vous goûterez avec nous.

XIV

Bérénice ne voyait pas avec grand plaisir cette partie projetée, et elle n'en avait encore rien dit à Onésime ; le surlendemain, lorsque les deux jeunes filles revinrent pour savoir la réponse du pêcheur, Onésime accepta avec empressement, et le dimanche, vêtu comme nous l'avons déjà vu, il conduisit Bérénice au château. Les deux jeunes gens continuaient à se moquer de lui, quoique avec plus de modération ; leur savoir-vivre leur apprenait qu'Onésime était comme eux, en ce moment, l'hôte de M. Malais, et qu'ils devaient à M. Malais de traiter son hôte avec quelques égards. On se rendit sous un dôme de hauts marronniers qui entrelaçaient leurs branches et formaient une tente verte. M. et madame de Fondois n'étaient pas très-fâchés de voir simplifier un peu les rôles de comparses et d'utilités qu'on leur faisait jouer dans les contredanses ; quant à madame Dorothée Malais, vêtue successivement de toutes les belles robes à la mode de Paris, comme on sait, elle était enchantée de danser. On se mit en place pour la contredanse ; le comte prit la main de madame Dorothée Malais, Ernest s'empara de sa cousine, M. Malais fit danser Pulchérie, et M. de Fondois prit Bérénice, qui, sans lui, aurait couru grand risque d'être oubliée, quoiqu'en réalité ce fût une jeune fille jolie et bien faite, et habillée avec tout le goût que pouvait comporter la simplicité de ses vêtements. Onésime joua la seule contredanse que maître Épiphane lui eût apprise, après quoi il demanda qu'on lui mît un pot de cidre à côté de lui, ce qui fut exécuté. On ne tarda pas à se mettre en place pour une autre contredanse. Le comte, qui croyait en avoir acheté le droit en dansant avec madame Dorothée Malais, prit cette fois Pulchérie. Onésime joua encore les mêmes airs, puis les mêmes à une troisième et à une quatrième contredanse.

— Vous n'en savez donc pas d'autres? demanda Marie.

— Non, mademoiselle; il n'y a pas longtemps que j'apprends, et puis on aime beaucoup ces airs à Dive, et, quand on joue des airs *à qui* on n'est pas accoutumé, on ne danse pas si bien.

Ernest, qui avait eu avec M. de Fondois la conversation dont le résultat avait été prévu par Marie, et qui avait été la veille même déclaré son fiancé, alla parler bas à madame de Fondois, qui eut l'air de refuser; mais M. de Fondois appuya la demande d'Ernest, et il fut décidé que Marie pouvait faire un tour de valse avec son fiancé. La chose convenue, on pria Onésime de jouer une valse, et grand fut le désappointement quand il dit qu'il n'en savait pas ; on essaya de valser sur les airs de contredanse, mais il fallut y renoncer. Marie dit à Pulchérie :

— Il faudra que nous lui apprenions au moins une valse. M. Onésime, ajouta-t-elle, Pulchérie et moi, nous vous apprendrons une valse ; vous viendrez aux heures où vous n'êtes pas à la mer, et à force de vous jouer une valse au piano, nous vous la mettrons dans la tête. et vous pourrez nous faire valser avec votre flageolet ; maman valse très-bien.

— Je te remercie bien de ta sollicitude, petite sournoise, dit madame de Fondois, mais je ne valse plus.

— Il y a toujours Pulchérie qui valse à ravir.

— C'est déjà beaucoup, dit à demi-voix madame de Fondois à sa fille, que nous te laissions valser avec ton futur mari ; mais avec qui et à quel titre valserait mademoiselle Malais ?

— Ah ! maman, c'est bien arriéré ces idées-là ; on laisse faire à Pulchérie ce qu'elle veut ; on a confiance dans sa modestie et sa retenue, et on ne croit pas qu'elle sera perdue pour danser en tournant, au lieu de danser en allant à droite et à gauche.

On dansa encore deux ou trois fois la contredanse d'Onésime, puis on fit une collation et on se disposa à se séparer ; il fut convenu que, dès le surlendemain, Onésime viendrait prendre sa leçon avec les deux jeunes filles. Ernest proposa de reconduire Bérénice et son frère ; la lune se levait, on verrait la mer argentée par la lune. Madame Malais et madame de Fondois dirent qu'elles étaient fatiguées. M. de Fondois et M. Malais se mirent de la partie, sans quoi on n'aurait pu la faire convenablement. M. de Fondois, en homme bien élevé, pensa que Bérénice, ayant été admise dans leur société, devait être traitée comme les autres femmes, et lui offrit son bras. Onésime *prit* celui de Pulchérie au moment où le comte s'avançait ; mais il ne put lui parler que de choses indifférentes, parce que le comte marcha obstinément à côté de Pulchérie. Marie et Ernest étaient toujours en avant ou en arrière. M. Malais fit route à côté de M. de Fondois. Quand on fut au bord de la mer, Bérénice rappela à son frère qu'il devait se mettre en route pendant la nuit, et qu'il fallait qu'il dormît au moins quelques heures. Les deux jeunes gens s'amusèrent à presser Onésime de s'aller coucher. Pulchérie elle-même lui dit :

— Il faut vous reposer, Onésime ; vous n'oublierez pas que nous vous attendons après-demain pour votre leçon.

Dans le peu de chemin que le frère et la sœur firent après avoir quitté les habitants du château, Onésime se montra si heureux de se voir admis au château, de ne plus être étranger aux habitudes et aux plaisirs de Pulchérie, que Bérénice n'eut pas le courage de le désabuser et de lui dire ce qu'elle pensait de leurs nouvelles relations avec elle. Pendant ce temps, Pulchérie avait accepté le bras du comte de Morville; elle n'était pas sans inquiétude de ce qu'il allait sans doute lui dire sur les familiarités d'Onésime, mais il eut le bon goût de n'en pas parler, et elle lui en sut gré.

La lune éclairait doucement le calme immense de la mer. Ils restèrent quelque temps à la contempler, puis les grands parents donnèrent le signal du retour. On se mit en devoir de gravir la côte qui va de Dive à Beuzeval. On se retourna plusieurs fois pour revoir la mer, puis on marcha dans des *cavées*, chemins creux de six à huit pieds entre des haies et des arbres, au pied desquels fleurissent tant de fleurs sauvages et bourdonnent tant d'insectes éclatants. Ernest et Marie marchaient fort en avant, Pulchérie et Morville fort en arrière. M. de Fondois et M. Malais causaient de choses et d'autres. Morville fit à Pulchérie une déclaration d'amour qui n'était pas moins ampoulée et ne valait pas beaucoup mieux que celle que le clerc avait rédigée pour Onésime; mais le langage de l'amour a une si douce musique, que l'on se préoccupe peu des paroles. Pulchérie voulut d'abord presser le pas et rejoindre M. Malais; Morville pria et pressa tant, qu'on consentit à rester à la distance où on était, à la condition qu'on causerait d'autre chose. La convention faite, celle qui l'avait imposée ne fit rien pour empêcher d'y manquer. Elle permit que Morville lui parlât encore de son amour.

Le lendemain, il se fit au clair de la lune une nouvelle promenade, dans laquelle Morville fit de nouvelles variations sur le même thème. Pulchérie se rejeta sur l'obéissance qu'elle devait à ses parents, et refusa la moindre réponse, si elle ne lui était dictée par eux.

— Je ne puis encore parler à vos parents, répondit Morville, d'abord parce que ce n'est pas de leur volonté, mais de la vôtre, que je veux tenir tout mon bonheur. Ensuite il faut que j'aille, pour la forme, demander une sorte de consentement à mon père. Je ne pourrais me permettre une démarche officielle sans l'en avoir prévenu. Au nom du ciel, mademoiselle, laissez-moi lire dans votre cœur que ce n'est pas mon bonheur seul que je cherche dans l'union que je brûle de contracter, etc.

Et autres phrases creuses, et ainsi de suite pendant le temps nécessaire pour que Pulchérie crût, à ses propres yeux, avoir opposé une résistance suffisante. Ils se rapprochèrent du reste de la société, et la jeune fille, qui tremblait fort et pouvait à peine parler quand elle était seule avec lui, fut plus hardie devant du monde, et prenant le moment où elle pouvait encore n'être entendue que de lui, mais où la réponse qu'il lui ferait serait faite pour tout le monde, elle dit :

— Partez et revenez vite :

Le lendemain matin, Morville annonça qu'il était obligé de s'absenter pour une douzaine de jours. Le soir, Pulchérie, retirée de bonne heure dans sa chambre, eut avec Morville, qui s'était glissé au bas de sa fenêtre, une conversation qui ne parut longue ni à l'un ni à l'autre.

Onésime, quand il arriva avec son flageolet pour apprendre la valse convenue, fut, sans trop bien savoir pourquoi, enchanté d'apprendre le départ du comte, d'autant qu'il trouva Pulchérie sereine et gaie. Marie et Ernest étaient d'une médiocre société pour les autres. Pulchérie fit prier Bérénice de venir un peu la voir ; elle n'était plus gênée par la crainte de ce que penserait Morville de sa façon d'être avec ses anciens amis, et d'ailleurs elle était si heureuse ! elle trouvait tout bien et tout le monde charmant, ce qui était aux yeux d'Onésime une preuve qu'elle ne pensait pas au comte. Pauvre Onésime ! Bérénice elle-même était ravie de voir Pulchérie redevenue pour eux à peu près ce qu'elle était dans leur enfance. Elle se moquait bien d'Onésime et de ses maladresses pendant les leçons, mais c'était avec tant de gaieté et de bonté ! elle s'était si bien chargée toute seule de lui apprendre une certaine valse allemande, elle y mettait tant de patience! Onésime avait son costume de pêcheur, avec lequel il était un fort beau jeune homme, et ne portait ses ridicules habits que le dimanche. Bérénice, en voyant Pulchérie si bienveillante, en faisant le compte des bonnes qualités d'Onésime, en le voyant jeune, robuste et beau, en songeant à leur enfance, cessa de considérer les espérances d'Onésime comme un rêve absurde.

Quand Onésime sut la valse allemande, Ernest demanda à valser avec Marie; mais Pulchérie prétendit qu'Onésime ne la savait pas assez bien encore, et elle lui en apprit une autre, sur laquelle seulement valsèrent Marie et son cousin, Pulchérie répondant toujours qu'il fallait encore étudier l'autre, même à Onésime, qui prétendait la savoir. Souvent elle s'enfermait des heures entières dans sa chambre, ou bien elle chantait avec une expression nouvelle toutes ces romances qu'elle comprenait maintenant et qu'elle chantait si mal autrefois. Son jour de naissance approchait. M. Malais se proposait de faire une petite fête.

— Que penserait-on, si nous ne faisions pas une fête pour la naissance de Pulchérie?

On disait parfois : « Pourvu que le comte de Morville soit revenu pour ce jour-là! »

Pulchérie seule ne disait rien.

Onésime avait communiqué à Bérénice la

lettre que le clerc lui avait faite pour *l'objet de sa flamme*. Bérénice l'avait trouvée très-mauvaise. Elle avait conseillé à son frère d'en faire une lui-même sans toutes ces grandes phrases. Onésime avait hésité longtemps, puis s'était décidé. Depuis quelques jours, il portait la nouvelle lettre dans sa poche. L'eau de mer la rendit illisible; il en refit une autre.

Le jour de la fête était arrivé. Onésime apporta dès le matin un beau bouquet à Pulchérie et s'en retourna. Il devait y avoir le soir danse sous les marronniers, souper et feu d'artifice. Bérénice et son frère arrivèrent au château de bonne heure; on n'avait pas encore fini de dîner; ils se promenèrent dans le jardin. Pulchérie ne tarda pas à appeler Bérénice pour l'aider dans quelques préparatifs. Onésime, resté seul et se trouvant sous la fenêtre de Pulchérie, songea à sa lettre. Jusque-là, ou il n'osait pas la lui remettre, ou il se trouvait quelqu'un avec eux. Il pensa le moment favorable. Il grimpa après un treillage et sauta dans la chambre. Là il plaça sa lettre dans un livre, sur une table près du lit. Quelle douce et religieuse émotion il sentit quand il se trouva seul dans cette petite chambre! Il vit un foulard qui avait la nuit enveloppé la tête de Pulchérie; il le couvrit de baisers et s'enivra de l'odeur qu'y avaient laissée ses cheveux, puis il se jeta à genoux et adressa à Dieu une fervente prière. Il allait sortir par où il était entré ; il était déjà sur la fenêtre lorsqu'il entendit du bruit. Il se rejeta précipitamment en dedans de la chambre ; ce mouvement brusque fit tomber une tête de Socrate en plâtre qui *décorait* la cheminée. La tête creuse se brisa, et au milieu des morceaux de plâtre roulèrent cinq ou six lettres avec des bouquets flétris qui y avaient été cachés. Onésime voulut ramasser le tout, mais le nom de *Pulchérie* plusieurs fois écrit sur une des lettres le frappa tellement que, sans se demander s'il avait le droit de lire des lettres adressées à Pulchérie, il n'écouta que la passion, mit les lettres dans sa poche, sauta lestement par la fenêtre, et s'enfuit dans le parc. Comme il venait de déplier une des lettres et d'y voir encore les mots de *chère Pulchérie*, qui mettaient un nuage sur ses yeux, il s'entendit appeler par Bérénice et par Pulchérie. Il alla fort ému du côté d'où partaient les voix. On était rassemblé sous les marronniers. Pulchérie avait une toilette qui lui seyait à ravir, une couronne de reines-marguerites sur le front, et à la main un très-beau bouquet. Onésime regarda si c'était le sien qu'elle avait reçu le matin avec tant de bienveillance ; mais ce bouquet était composé de fleurs étrangères au pays, et que pour la plupart il ne connaissait pas. Il ne tarda pas à deviner de qui venait le bouquet lorsqu'il aperçut le comte de Morville, qui était arrivé pour le dîner, prévenu de ce qui se passait, dit-il, par un mot d'Ernest, et apportant un bouquet de Paris.

Pulchérie était rayonnante de beauté et de bonheur. On pria Onésime de jouer une contredanse ; la contredanse était à peine finie, que Pulchérie, s'approchant du pêcheur, lui dit :

— A présent, Onésime, une valse, la petite valse allemande que vous jouez si bien.

Puis, avec un doux sourire, elle dit quelques mots à Urbain, qui sembla la remercier avec ravissement. Deux couples seulement valsaient, Marie et Ernest, Pulchérie et Urbain. Le comte pressait de son bras la taille souple de la jeune fille, qui s'appuyait sur lui avec abandon. Les regards de Morville la contemplaient avec ivresse. Elle relevait parfois les yeux sur ceux du comte, et les deux regards se confondaient. Onésime était pâle et tremblant. Tout à coup il s'arrêta.

— Eh bien ! dit Morville, continuez donc.

— Non, dit-il, c'est fini,... je suis fatigué.

— Ah ! quel ennui ! dit Marie, cela allait si bien !

— M. Onésime va reprendre, dit le comte.

— Non, je suis fatigué,... je ne jouerai plus.

— Vous êtes fatigué, dit le comte, c'est facile à dire ; mais on vous paye, et...

— Je voudrais qu'on me payât pour vous jeter l'argent au visage.

— Comment, drôle !

— Les drôles... Il y a un drôle ici, et sa tête sort de votre cravate, entendez-vous ?

Bérénice vint prendre son frère par le bras et l'entraîna à quelques pas. M. Malais s'écria :

— Quel scandale ! De quoi cela a-t-il l'air? Que dira-t-on de nous ?

Madame de Fondois dit qu'il faisait un peu froid et qu'on ferait bien de rentrer dans le salon.

Elle prit le bras du comte, et tout le monde suivit son exemple. Le frère et la sœur restèrent seuls au jardin. Bérénice essayait d'entraîner doucement son frère. Ils sortirent du parc. Onésime était frappé de stupeur; mais bientôt ce fut lui qui, à son tour, entraîna Bérénice. Il venait de se rappeler les lettres qu'il avait trouvées. Il s'enferma dans sa chambre et les dévora. Tantôt il restait la tête dans les deux mains, puis il se levait en sursaut, comme s'il sortait d'un sommeil fatigant et d'un songe pénible.

— Mais non, disait-il, c'est bien vrai, c'est bien à elle que s'adressent ces lettres si tendres et qui paraissent répondre à des lettres d'une tendresse pareille. « Que je vous remercie, chère Pulchérie, de votre exactitude à me répondre ! Oui, vous avez raison, vous pouvez me laisser lire dans votre cœur ces sentiments qui me rendent si fier et si heureux ; vous le pouvez sans manquer à votre précieuse innocence. Nos serments ne nous ont-ils pas déjà liés devant Dieu ? » Et cette autre : « Mille grâces encore, mon ange adoré, de n'avoir pas voulu valser même avec Ernest. Mille grâces de ne pas vouloir qu'on valse sur ce petit air allemand que nous aimons tous les deux, et de le conserver pour nous deux. Combien je suis reconnaissant de toutes les peines que vous prenez pour enseigner *notre* air favori à ce butor que vous prétendez n'être qu'un sauvage ! Vous avez beau faire, il nous le gâtera toujours. »

Onésime froissa les lettres avec fureur, puis il sortit sans bruit par la fenêtre de sa chambre.

On ne le revit ni le lendemain ni les jours suivants. Ce fut un grand chagrin dans la maison des pêcheurs. Quelquefois on pensait qu'il s'était donné la mort, mais on se disait qu'il avait des sentiments trop religieux pour cela. Celui qui parlait ainsi espérait rassurer les autres, mais n'était guère rassuré lui-même. Éloi Alain le meunier, qui l'avait pris en grande affection depuis l'incendie de son moulin, ne le regrettait pas moins que les autres, et disait :

— Si c'est faute d'argent qu'il s'est désespéré, je lui en aurais donné ; ce qu'on n'avait jamais entendu dire, ni rien d'équivalent, à Éloi Alain.

Cependant, deux mois après, on reçut à Dive une petite somme d'argent de la part d'Onésime, puis on n'entendit plus parler de lui. On pensa qu'il s'était embarqué pour la grande pêche, et qu'en partant il envoyait une partie de ses *avances* à sa famille. Les *avances* sont une somme d'argent que l'on donne au marin qui va s'embarquer pour la pêche de la baleine. Cette somme, spécialement destinée à l'équiper de vêtements et d'effets indispensables pour des voyages longs et pénibles, est presque toujours mangée et bue avant le départ, et le pêcheur arrive à bord la *pouche* vide. Il s'est en réalité acheté d'abord des vêtements avec une partie de son argent, mais, après avoir dépensé le reste, il a revendu les vêtements à peu près la sixième partie de leur valeur. On part. Au bout de quelques jours de houle, il est mouillé, il a froid. Il s'adresse au capitaine, qui, le cas étant prévu, a toujours à bord des hardes qu'il lui vend ce qu'il lui plaît de les lui vendre. Comme on ne peut s'en passer, et comme le prix ne sera payé que sur le résultat de la pêche au retour, le marin ne s'en préoccupe pas autrement et prend à peine le soin de s'informer de ce prix. Ainsi, il a acheté d'abord une chemise de laine rouge : il l'a payée douze francs, il l'a revendue une quarantaine de sous à un cabaretier ; à bord, on lui revend une chemise pareille seize francs ; de sorte que cette chemise de douze francs a été payée vingt-six francs. Il n'y a que les pauvres qui payent tout si cher. Il n'y a pas beaucoup de riches qui auraient le moyen d'être pauvres.

Quoique Bérénice, par moments, comprît bien qu'Onésime n'aurait pu épouser Pulchérie, non pas seulement parce que Pulchérie était riche, mais à cause surtout de leur différence d'éducation et d'habitudes, et qu'elle n'eût pas de ressentiment contre mademoiselle Malais de la disparition de son frère, elle évitait de la rencontrer et ne retournait plus au château. C'était néanmoins pour l'amour d'elle qu'Onésime s'était désespéré et avait emporté toute la vie et toute la joie de la maison, et elle ne la voyait qu'avec peine. On ne tarda pas à apprendre dans le pays que le mariage de Pulchérie avec le comte était décidé, et qu'il se ferait au printemps prochain. M. et madame de Fondois partirent avec leur fille, dont le mariage devait se faire l'hiver. Les Malais résolurent de passer une partie de l'hiver à Paris, et ils quittèrent Beuzeval au mois de novembre.

XV

Au mois de mai, les Malais revinrent avec les de Fondois. Marie n'avait pas changé de nom, mais elle s'appelait madame. Madame Dorothée Malais était triste et changée. Le comte de Morville avait confié le soin des arrangements du mariage à son frère aîné, qui avait été d'une exigence révoltante, et qui avait fait valoir sans ménagements le prix d'une alliance comme la leur avec une famille de marchands de bœufs. Le contrat dépouillait entièrement les Malais ; on ne leur laissait que le château et une pension sur le reste : c'était à peine 8,000 livres de revenu. Madame Malais, irritée à la fois de ces exigences et de la hauteur du père, pressa à plusieurs reprises son mari de tout rompre ; mais M. Malais était si fier de cette alliance, qui ne servait qu'à l'abreuver d'humiliations, qu'il tint bon jusqu'au bout. D'ailleurs, un mariage si avancé ne pouvait se rompre sans faire beaucoup de tort à Pulchérie, et elle paraissait si heureuse, elle les câlinait si bien, elle les remerciait par tant de caresses, que le contrat fut signé avant de quitter Paris. Le retour à Beuzeval acheva de désoler Dorothée ; elle revoyait tout ce qui n'était plus à eux.

— Nous ne sommes plus chez nous, dit-elle en rentrant au château de Beuzeval.

Elle refusait de donner des ordres aux domestiques. Quand son mari disait : « ma ferme, ou ma maison, ou mon jardin, » elle le reprenait en lui disant :

— Rien de cela n'est plus à toi.

M. Ernest de Fondois et sa femme demeurèrent naturellement au château ; mais, quand le comte arriva, il retourna chez le meunier, son ancien hôte. Il avait appris dans le pays qu'Éloi *faisait la banque*, et il avait besoin de lui. En effet, la famille du comte, qui n'était pas fort riche, avait plusieurs fois déjà payé d'énormes dettes de jeu, et ne pouvait ni ne voulait plus lui offrir sa bourse. Cependant elle lui avait prêté la somme nécessaire à l'achat de la corbeille et aux autres dépenses indispensables. Malheureusement, dans un dîner de garçons qui avait duré toute la nuit, la veille du départ du comte pour Beuzeval, il avait joué et perdu toute la somme et au delà. Il avait payé, et se trouvait sans un sou. Emprunter à Paris n'était pas chose facile. Il avisa que le meunier, qui connaissait la fortune des Malais, et qui ne le connaissait lui-même que par son titre et l'opulence qui l'entourait, lui prêterait volontiers de l'argent sur la dot. Il lui montra une copie du contrat. Éloi fut si heureux de voir les Malais dépouillés, qu'il prêta volontiers la somme nécessaire pour terminer la chose, non sans avoir parfaitement pris ses mesures et un intérêt exorbitant. On a quelquefois parlé de l'usurier des villes ; il aurait peur de l'usurier de la campagne. L'usurier des villes prend toujours tant pour cent ; il compte, on compte avec lui : il faut qu'il adopte une espèce de règle. L'usurier des pauvres et des paysans ne prête pas à tant pour cent, il n'entre pas dans ces mesquins détails : « Tu veux cent francs, tu m'en donneras deux cents ; si ça ne te va pas, va-t'en, et n'en parlons plus. »

Le comte fit si magnifiquement les choses, que Marie de Fondois en fut un peu humiliée. Ses châles, ses dentelles et ses diamants étaient bien inférieurs à ceux que recevait Pulchérie. Elle fut de mauvaise humeur pendant quelques jours, et s'efforça de trouver quelques ridicules au comte. Madame Dorothée ayant laissé devant elle échapper quelques plaintes sur les exigences de la famille, elle trouva que c'était une folie de les avoir subies, parla du désintéressement de son cousin, et affirma que, s'il s'était ainsi conduit envers ses parents, elle ne l'aurait pas accepté.

— Il faut donc bien de l'argent à ce monsieur, dit-elle, pour qu'il consente à posséder une fille aussi ravissante de tous points que Pulchérie? Certes, Pulchérie n'avait guère d'orgueil et ne s'estimait pas à sa valeur. Je ne suis ni aussi jolie ni aussi charmante qu'elle, mais je me serais cependant mise à plus haut prix.

Madame Malais fit encore quelques tentatives auprès de son mari ; mais tout fut inutile, et la pauvre femme voyait tout le monde heureux de ce qui la mettait au désespoir. Il y eut de grandes difficultés quand il fut question des invitations. Pulchérie alla inviter elle-même Pélagie, Tranquille et Bérénice. Elle craignait que cela ne déplût à Urbain ; au contraire, il l'en loua, parce qu'il avait promis au meunier de l'engager à sa noce, et il passerait facilement dans le nombre. Cependant M. Malais fut contrarié de voir son nom sur la liste et dit :

— Je n'aime pas cet homme-là ; il est envieux et insolent. D'ailleurs, il a une mauvaise réputation dans le pays ; il prête à usure, et que dirait-on...?

— A usure! lui dit le comte ; mais c'est une extravagance. Le pauvre diable aurait plus besoin d'emprunter que de prêter. Il faut voir avec quelle impatience il attend les quelques louis que j'ai à lui donner toutes les semaines.

— Ce n'est pas ce qu'on dit, reprit M. Malais.

— Je regrette bien, mon cher Malais, que vous ne m'ayez pas prévenu de votre répulsion pour ce pauvre diable. Je suis si heureux, ajouta-t-il en baisant la main de Pulchérie, que je voudrais faire partager ma joie à tout le monde, et voir tout le monde heureux autour de moi. J'ai invité le meunier, et vous êtes bien heureux, dit-il en riant, que je n'aie pas invité pis. J'aurais invité tous mes ennemis et tous les vôtres, si vous en avez toutefois, sans y faire attention. J'aime tout le monde maintenant, et je trouve qu'il n'y a pas assez de gens à aimer.

Le meunier fut maintenu sur la liste.

Le soir, M. Malais dit à sa femme :

— Enfin, voilà le grand jour qui approche. Je suis seulement fâché de l'invitation du meunier. Je n'aime pas à voir cet homme-là chez moi.

— Il faut se soumettre à son sort, dit ironiquement Dorothée, et d'ailleurs, si c'est de voir Éloi Alain chez toi qui te chagrine, tu peux te consoler tout de suite, car il lui serait bien difficile de venir chez toi. Il faudrait pour cela que tu eusses un *chez-toi*, et tu sais bien que tu n'en as plus. On nous permet de vivre ici, mais nous n'y sommes plus rien. Tu n'as pas demandé à *ton gendre* s'il faudra que je donne la place d'honneur au meunier, à ma droite; il faudra le lui demander demain.

— Allons, tais-toi, Dorothée ; tu veux absolument troubler mon bonheur.

— Il est joli, ton bonheur. J'aimerais mieux pour Pulchérie un mari qui serait très-honoré de la prendre et d'entrer dans notre famille, au lieu d'un beau monsieur qui croit nous faire bien de l'honneur et nous fait payer cet honneur de toute notre fortune. Je t'assure qu'il n'épouserait pas Pulchérie, s'il nous avait trouvés dans la situation où il nous met.

— Tâche donc de ne pas tout exagérer. Est-ce que nous dépensions jamais ce que nous allons avoir à dépenser ? Maintenant, au contraire, Pulchérie mariée, nous dépenserons tranquillement notre argent, et nous ne nous refuserons plus rien. Qu'est-ce que nous aurons de moins? Ce que nous ne dépensions pas. Efforce-toi de ne pas prendre des airs tristes et lamentables. Qu'est-ce qu'on penserait de toi?

— On ne pensera rien de pire que ce qui est, et surtout rien qui nous fasse autant de tort dans l'estime des gens.

— Notre nièce s'appellera demain madame la comtesse de Morville. Est-ce si déshonorant?

— Oui, mais le prix que nous y mettons montre assez combien cette alliance est au-dessus de nous. Cela ne sert qu'à nous humilier, et puis ce qui nous fera mépriser de tout le monde, c'est de ne plus être riches. Ta nièce sera comtesse!... Tu pourras bien appeler le comte ton neveu tant que tu voudras, il t'appellera M. Malais ou Malais tout court, comme il fait déjà, tandis que tu l'appelles *monsieur le comte* gros comme le bras.

— Ça n'empêche pas que le frère aîné arrive demain, et que ça fera un fameux effet de voir un pair de France à la noce de Pulchérie.

— On va encore mettre la maison sens dessus dessous pour celui-là, et je suis sûr qu'il haussera les épaules.

— Il faudra lui donner notre chambre, Dorothée.

— Comment! notre chambre!

— Il ne reste que deux jours et ne couche que deux fois ici ; nous nous gênerons un peu pour deux jours. Pense à ce qu'on dirait, si un pareil personnage n'était pas logé convenablement chez nous.

— Après ça... je n'ai rien à dire... Quand on est chez les autres... Nous devons nous trouver encore bien heureux qu'ils veuillent nous garder ici.

Quand Pulchérie était allée *prier* Bérénice, celle-ci avait accepté, mais après un moment de silence, comme si elle eût cherché un prétexte pour refuser et n'acceptât que faute de le trouver.

— Qu'as-tu, Bérénice ? dit-elle ; tu reçois bien froidement la nouvelle d'un mariage qui me rend heureuse.

— Ah ! dit Bérénice, c'est que je pense en même temps au malheur de mon pauvre Onésime. Je sais bien que vous n'étiez pas pour lui ; mais enfin il s'était trop rappelé nos projets d'enfants.

— Eh quoi ! Bérénice, Onésime songeait-il réellement... ?

— Je vous dis encore que vous n'étiez pas pour Onésime ; je le lui disais souvent, parce que je voyais bien que ça finirait mal. Vous êtes riche, élevée dans le monde : c'était une folie d'y penser ; mais Onésime ne voyait que la petite Pulchérie, pauvre à peu près comme nous, Pulchérie courant avec nous nu-pieds sur la plage, Pulchérie mangeant avec nous notre pain noir et le trouvant bien bon. Certes, si les choses étaient restées comme cela, c'est-à-dire si le fils Malais n'était pas mort, il n'y aurait rien eu d'étonnant à ce que Pulchérie devînt un jour madame Alain. Eh bien ! Onésime vous voyait toujours comme cela. Aussi, quand il a été sûr que vous alliez en épouser un autre, le désespoir l'a pris, et il s'en est allé. Il nous faut encore bien remercier Dieu de ce qu'il ne s'est pas tué ; au commencement je le croyais.

— Je ne voulais pas le croire, malgré cette lettre trouvée dans ma chambre, cette tête de Socrate brisée, et ces autres lettres enlevées...

— Je n'en sais rien ; mais, le jour qu'il avait si bien envie d'étrangler le comte, il était comme un fou, et c'est cette nuit-là qu'il est parti.

— Ce pauvre Onésime ! Je suis bien fâchée d'avoir été pour lui une cause de chagrin... Cependant je l'ai toujours bien accueilli, avec l'amitié que je n'ai pas cessé et que je ne cesserai jamais d'avoir pour vous deux et pour le père Alain et la mère Pélagie.

— C'est justement cet air d'amitié qui a achevé de le tromper. Cependant, Pulchérie, je ne peux pas vous en vouloir ; ça n'est pas votre faute ; vous ne pouviez pas plus aimer Onésime que vous ne pourriez aujourd'hui manger notre pain noir et courir pieds nus sur les galets. Ça n'est pas votre faute ; j'irai à votre noce, je prierai Dieu pour votre bonheur : Onésime en ferait autant, s'il était ici. Si vous ne me voyez pas bien gaie par moments, vous ne m'en voudrez pas. Ayez soin seulement que vos beaux messieurs soient plus polis pour moi qu'ils ne l'étaient avec Onésime.

— Oh! il n'y a pas de danger... Cet amour que je ne devinais pas, je pense que le comte de Morville s'en était aperçu, et qu'il y avait un peu de jalousie dans sa manière d'être avec Onésime. Je te promets, pendant la messe de mon mariage, de prier pour lui dans la vie de dangers qu'il court sur la mer.

Les deux jeunes filles tombèrent dans les bras l'une de l'autre et s'embrassèrent tendrement.

— Je veux, Bérénice, que tu sois ma demoiselle d'honneur.

— Ne me le demandez pas, Pulchérie; ne me demandez pas d'être pour autre chose dans ce mariage que par mes vœux pour votre bonheur.

Le jour du mariage arriva; il était quelque peu embarrassant de réunir à la même table le meunier et le pair de France. Bérénice était jeune, jolie, et d'ailleurs avait un tact délicat et une timidité qui la sauvait facilement; le meunier, au contraire, était un paysan envieux et haineux, rusé et adroit, qui, avec un faux air de naïveté, savait dire tout ce qu'il pensait devoir être désagréable aux gens,

A la messe de mariage, le frère du comte fit la petite et imperceptible impertinence d'offrir la main à Bérénice, voulant montrer, par cette excessive politesse envers une fille de campagne, que, du point où il était placé, tous ces gens-là, Malais et Alain, seigneurs et meuniers, riches et pauvres, pouvaient bien avoir entre eux et pour eux-mêmes quelque différence, mais que, pour lui, ils étaient confondus dans une commune et profonde obscurité, ainsi que du haut d'une montagne le chêne altier et l'aubépine fleurie paraissent avoir la même hauteur. Il faisait grand vent ce jour-là, la mer était grosse, les pêcheurs n'avaient pu sortir; de temps à autre, de violentes rafales faisaient trembler les vitraux de l'église. Il vint un coup de vent si furieux, que l'église elle-même en oscilla. Le célébrant s'arrêta. Bérénice, dont les yeux se rencontrèrent avec ceux de la mariée, lui montra d'un regard le côté de la mer, pour lui rappeler qu'elle avait promis de prier pour celui qui, en ce moment sans doute, était au milieu du danger, et peut-être périssait en prononçant le nom de Pulchérie. La jeune mariée fit signe qu'elle avait compris, et toutes deux prièrent en même temps. Un des anges qui cueillent sur les lèvres des mortels les bonnes prières, et qui les portent au pied du trône de Dieu comme un bouquet éclos des cœurs, n'eut garde d'oublier celle-ci.

A ce moment même, dans une autre partie

du monde, les vagues furieuses assiégeaient le navire que montait Onésime. Une lame balayait le pont et emportait trois hommes sur l'arrière du bâtiment. Deux étaient engloutis et ne reparurent jamais; Onésime, qui était le troisième, était arrêté par des cordages et restait sur le navire.

Au dîner on commença par parler du temps.

— Voilà un vent à décorner un bœuf, sauf votre respect, M. Malais, dit le meunier, et vous savez s'ils ont les cornes solidement amarrées sur la tête. Vous rappelez-vous qu'étant enfant, dans un des pâturages de Malais de Dive, votre père, vous avez été envoyé par-dessus une barrière par un grand bœuf blanc qui fut choisi à Paris pour le bœuf gras de cette année? C'est un honneur que votre père eut quatre années de suite, M. Malais, et il en était fier ; aussi eut-il un grand chagrin quand, la cinquième année, il fut *dégoté* par un gros bœuf roux élevé par Cornet de Caen, et qui était une bête monstrueuse. La sixième année, il prit sa revanche, mais ce fut son dernier triomphe. Il ne tarda pas à mourir, pour avoir voulu recommencer à cinquante-huit ans son fameux voyage du Poitou, qu'il avait fait étant plus jeune, quatre-vingt-quatre lieues sans débrider ; mais il n'était plus jeune, et son bidet non plus, le plus fameux bidet de toute la Normandie. Le bidet creva en route, et

Malais ne lui survécut que de quelques mois. C'était tout de même un fameux homme, et le bidet était un fameux bidet.

On voulut en vain couper la parole au meunier ; il alla jusqu'au bout sans se soucier des interruptions. Puis il attendit une autre occasion pour recommencer les attaques, comme un chasseur à l'affût. On parla du château ; le frère aîné du marié fit remarquer qu'avec un étage de plus on aurait une magnifique vue de la mer. Dorothée répondit, avec un peu d'aigreur, que les maîtres du château pouvaient bien faire ce qu'ils voulaient, que cela ne la regardait plus.

— La mariée est tout de même bien belle, dit le meunier quand il crut le moment favorable ; qui est-ce qui aurait dit que nous l'appellerions un jour madame la comtesse, quand nous la voyions mêlée avec les enfants de ma cousine Pélagie, Bérénice qui est là au bout de la table et qui est aussi un assez beau brin de fille, et Onésime, un beau et brave jeune homme qui m'a sauvé la vie là où bien des braves me laissaient tranquillement rôtir, et qui est parti par chagrin, à ce qu'on dit, de ce qu'une fille d'ici qui lui avait promis le mariage en allait épouser un autre? S'il ne lui avait manqué que de l'argent, il y a un cousin, que je n'ai pas besoin de nommer, mais qui n'est pas loin d'ici, qui passe pour avoir quelques vieux écus, et qui ne l'aurait pas laissé partir ; mais il a disparu sans rien dire. Où est-il allé? Dieu le sait. Toujours est-il qu'il a encore envoyé un peu d'argent à sa famille. Eh bien! quand je voyais cette petite Pulchérie courir nu-pieds sur le galet avec les autres enfants de Pélagie, qu'elle m'appelait son cousin et Onésime et Bérénice son frère et sa sœur, je ne pensais pas qu'il me faudrait lui dire un jour : « Madame la comtesse! »

Après le dîner, on dansa dans le parc ; on avait invité tout le voisinage et fait venir des musiciens de Caen. Pendant le bal, on entendit rouler une chaise de poste : c'était le comte de Morville qui enlevait sa femme et partait avec elle pour Paris.

XVI

A trois ans de là, un navire chargé de morues rentrait dans le port de Fécamp. La pêche avait été favorable. Les matelots avaient à peu près *huit cents francs à l'homme.* On cargua les voiles et on mit tout en état à bord ; puis on descendit à terre. Onésime, qui, cette année-là, était parti comme second, avait à recevoir près de douze cents francs. Il se croyait à peu près guéri de son amour, ou du moins il pensait que le plaisir de revoir sa famille compenserait le chagrin poignant qui l'attendait aux lieux où il avait connu Pulchérie.

Il fallait quelques jours pour décharger le navire et faire le compte de l'équipage. Quand les matelots arrivent et qu'ils ont fait bonne pêche, les aubergistes leur permettent de faire tout ce qui leur convient. Ils cassent, ils brisent sans qu'on leur fasse la moindre observation. On leur met le dégât sur la carte de leur dîner, et ils payent sans faire de réclamations. Le grand art des aubergistes est de deviner quand le matelot est à ses dernières pièces pour arrêter à temps les égards et le crédit. Quand il n'a plus d'argent, on ne lui permet même plus de faire du bruit.

Un aubergiste de Fécamp avait poussé trop loin cette prudence, au moment du départ du *Marsouin*, relativement à un homme de son équipage. Dépositaire des *avances* du matelot, à peine l'argent était-il à moitié dépensé, qu'il lui annonça qu'il n'y en avait plus et qu'on ne lui donnerait plus rien sans un nouveau dépôt. Le matelot comprit qu'il était volé et s'emporta ; mais son hôte le fit arrêter et mettre en prison jusqu'au jour de l'embarquement. L'équipage du *Marsouin* fit le serment de punir la mauvaise foi de l'aubergiste d'une manière éclatante. Quatre marins, au nombre desquels avait eu soin de ne pas se trouver la victime de la friponnerie, prirent un fiacre et s'en allèrent par la ville, comme ils font d'ordinaire. Trois étaient dans le fiacre, le quatrième était sur la voiture derrière le cocher. On s'arrêta à tous les marchands de vin et à tous les *bouchons*. Au troisième marchand de vin, le cocher passa à la condition d'ami et descendit boire avec les matelots. Quand on arriva à la boutique du coupable, un des matelots, qui était dans le fiacre, fit à haute voix le commandement usité à la mer pour jeter l'ancre :

— Ohé ! Valin, mouille.

Et Valin, docile à la discipline, envoya l'ancre à travers les vitres du cabaretier. Les chevaux du fiacre firent encore deux pas, mais le câble de l'ancre amarré à l'arrière du fiacre ne leur permit bientôt plus d'avancer. Le cocher comprit et les arrêta tout à fait. Le cabaretier ne se fâcha pas et ne rit pas non plus, c'était une chose toute simple. Les matelots viennent boire ; il leur plaît de casser les vitres, cela ne regarde personne ; *c'est leur manière, à ces hommes; pourquoi ne prendraient-ils pas leur plaisir?* Les matelots descendirent du fiacre et demandèrent à boire. Quelques-uns, qui connaissaient de longue main l'aubergiste Jérôme et sa femme, invitèrent le premier à boire avec eux. Ils promettaient de revenir souper le soir chez lui, mais il fallait qu'il vînt achever leur tournée. L'hôte hésita, mais seulement à cause de sa femme, car il savait que c'étaient de bons diables, qui avaient de l'argent et qui le régaleraient toute la journée sans qu'il eût besoin de dépenser un sou. On commande le souper d'avance ; la femme donne son consentement ; on part, on fait entrer l'hôte dans la *chambre*, c'est-à-dire dans l'intérieur du fiacre. Le cocher reprend sa place *à la barre*, Valin reste sur la voiture avec l'ancre qu'il vient de lever. On se met en route ; on s'arrête et on boit dans tous les endroits où on vend à boire, sans en excepter un seul. L'aubergiste est plus d'à moitié ivre quand il s'aperçoit qu'on n'est plus dans Fécamp. Il demande où on va ; on lui répond que cela ne le regarde pas, puisqu'on le ramènera. On s'arrête, on boit encore un peu ; enfin on arrive à Yport. On va souper chez le père Huet.

— Ma foi, le souper que ta femme nous a préparé nous servira à déjeuner pour demain ; soupons ici.

On soupe, on boit pendant une partie de la nuit, on achève d'enivrer l'aubergiste. Quand il est bien ivre, on le couche, et les quatre amis s'en vont sans lui et retournent à Fécamp dans leur fiacre. Pendant ce temps les autres matelots du *Marsouin* s'étaient adjoint un certain nombre d'autres marins. Ils avaient fait sortir madame Jérôme de la maison en lui disant que son mari était tombé malade à Yport. On l'avait emmenée, puis on s'était mis avec le plus grand ordre et l'adresse la plus incroyable à démolir la maison de Jérôme. En cinq heures, la maison fut démolie ;

il n'en restait pas pierre sur pierre. Quand, au point du jour, Jérôme revint avec sa femme, ils ne trouvèrent plus de maison. Les quatre marins qui avaient emmené l'aubergiste pouvaient seuls être inquiétés, mais ils étaient partis. Où étaient-ils allés? Personne n'en savait rien. Les autres, ceux qui avaient démoli l'établissement, étaient trop nombreux et n'avaient pu être reconnus. La maison resta démolie.

Onésime, aussitôt son décompte fait, se mit en route pour le Havre, du Havre il passa à Honfleur. A Honfleur, il trouva une grosse barque de pêcheurs de Dive qui partait pendant la nuit, et sur laquelle il monta. Il demanda bien vite des nouvelles de ses parents et de Bérénice, et du meunier, qu'il aimait assez depuis qu'il lui avait sauvé la vie. Tous allaient bien, sauf Césaire, dont on avait eu de mauvaises nouvelles : il s'était perdu avec tout son équipage sur la côte d'Afrique. Onésime n'osa pas parler de Pulchérie. Comme ils arrivaient par le travers de Villerville, il vit dans l'ombre un canot monté par un homme seul.

— N'est-ce pas mon père? dit-il aux pêcheurs; je me trompe fort, ou je reconnais *la Mouette*. Ohé! Tranquille Alain!

— Qui me hèle? cria une voix du canot.

— Ni plus ni moins que votre fils Onésime, qui vient vous aider à *cueillir* vos cordes. Accostez la barque.

Le canot ne tarda pas à accoster, et Onésime sauta dans les bras de son père.

— Eh bien ! ce pauvre Césaire ?

— Hélas ! perdu, il y a deux ans, et je craignais bien qu'il ne t'en fût arrivé autant. C'est Bérénice et ta mère qu'il fallait voir prier quand il ventait fort ; mais leurs prières n'ont pas pu sauver l'aîné, Dieu ait son âme ! Et toi, qu'as-tu fait ?

— Je suis allé trois fois à la morue sur le banc de Terre-Neuve, et cette dernière fois comme second ; ne chavirons pas, je rapporte plus de mille francs dans ma ceinture ; ce pauvre Césaire ne partagera pas notre bonheur.

Ils levèrent les cordes, elles étaient chargées de poisson.

— Voilà que tu ramènes la bonne chance, dit Tranquille.

Le poisson embarqué, on mit le cap à la terre.

— Tourne le dos quand nous allons approcher de terre, dit Tranquille. Bérénice et ta mère seront au bord quand nous arriverons ; il faut qu'elles m'aident quand je reviens, car voilà trois ans que je vais seul à la mer, et je vieillis ; maintenant ne tourne pas la tête du côté de terre, elles nous ont vus ; masque-toi par la voile.

En effet, Bérénice et Pélagie s'inquiétaient à terre.

— Je t'assure, dit Bérénice, qu'il y a deux hommes sur le canot.

— Alors ce n'est pas ton père.

— Je reconnais bien *la Mouette* cependant ; la voilà qui approche. Tiens, maintenant, je reconnais mon père.

— Oui... c'est lui ; mais il y a un autre homme avec lui...

— C'est un marin... au costume... ; mais... mais... ah !... mon Dieu ! ça n'est pas possible...

— Qu'as-tu, Bérénice ?

— Mais qu'as-tu toi-même, maman ? tu es toute tremblante.

— C'est que je crois...

— Et moi aussi... je crois bien... ; mais n'ayons pas encore trop de joie...

A ce moment, le canot entrait dans la Dive, et Bérénice s'écria en tombant à genoux :

— Onésime !

Onésime n'y tint plus ; il sauta dans l'eau jusqu'à mi-jambe, et se précipita dans les bras de sa mère et de sa sœur.

— O mon Dieu ! je vous remercie, dit Pélagie, vous m'en rendez un.

— Ma mère, reprit Bérénice, Dieu mesure le vent aux brebis tondues.

— Ma mère, dit Onésime, il faut aller tout de suite parler au curé pour qu'il dise ce matin même une grande messe ; j'ai fait un vœu à Notre-Dame de la Garde pour quand je reviendrais à Dive, et je ne puis ni boire ni manger que je n'aie accompli mon vœu.

Pélagie s'en alla chez le curé, pendant qu'Onésime aidait son père à tirer le poisson du canot, à le laver et à mettre les cordes au sec. Ceux des pêcheurs qui étaient à terre vinrent secouer la main d'Onésime, qui leur dit qu'il avait fait un vœu en mer.

— Est-ce pour aujourd'hui?

— Oui, ma mère est allée parler au curé.

— On attendra sans doute que tout le monde soit revenu de la mer?

— Je le pense aussi. Quelqu'un veut-il aller prévenir mon cousin Éloi?

— Le meunier de Beuzeval?

— Oui.

— Je vais y aller en fumant ma pipe.

Pélagie ne tarda pas à revenir. On attendit le retour des pêcheurs, dont on voyait poindre les voiles à l'horizon. Le curé vint chez Alain pour savoir les circonstances du vœu; puis, quand on vit les marins rentrés, on sonna les cloches, et tout le monde se rendit à l'église; les étrangers et les baigneurs qui se trouvaient à Dive se joignirent au cortége. Onésime marchait, suivi de sa famille, la tête et les pieds nus, et portant un gros cierge à la main; il s'avança jusqu'au chœur, et se mit à genoux. Le curé monta en chaire et dit :

— Mes frères, mes enfants, un d'entre vous, Onésime Alain, s'est trouvé pris à la mer d'une tempête furieuse. Dans un moment où le navire craquait de toutes parts, dans un moment où les plus intrépides matelots pâlissaient en face de la mort, et où les plus vieux marins ne savaient plus que faire pour défendre leur vie, Onésime Alain a fait un vœu à Notre-Dame de la Garde ; il a promis à la sainte mère de Dieu de faire dire une messe en son honneur et d'allumer un cierge de dix livres à son autel, où il viendrait tête et pieds nus avant de boire ni de manger à Dive, s'il obtenait par son secours de revoir son pays et sa famille. Comme il venait d'exprimer son vœu, une lame épouvantable couvrit le bâtiment et emporta trois hommes par-dessus le bord ; un seul fut jeté contre les cordages auxquels il se rattrapa ; les deux autres, le capitaine et le second, furent noyés. Le calme ensuite se rétablit, et Onésime eut le bonheur de ramener le navire, quoiqu'il fût tellement battu par la mer, qu'il fallut un homme à la pompe sans relâche jusqu'à l'arrivée. Onésime Alain vient aujourd'hui accomplir loyalement son vœu. Unissons-nous pour rendre des actions de grâce à Notre-Dame de la Garde, la protectrice des marins.

Alors toutes les voix entonnèrent le fameux cantique de Notre-Dame de la Garde, que nous avons déjà entendu lors du baptême de *la Mouette*.

> Notre-Dame de la Garde,
> Très-digne mère de Dieu,
> Soyez notre sauvegarde,
> Protégez-nous en tout lieu.

Puis le curé dit la messe, après laquelle on chanta encore le cantique. Toutes les voix étaient émues; les femmes pleuraient. A la sortie de l'église, les hommes vinrent secouer la main à Onésime, les femmes embrassèrent Pélagie et Bérénice; puis, pendant que les deux femmes rentraient préparer un bon déjeuner, Onésime fit venir quelques pots de cidre à la porte du cabaret, et répondit à toutes les questions sur la pêche de la morue et sur les dangers qu'il avait courus. A ce moment seulement, le meunier de Beuzeval descendait la côte, se rendant à Dive; il avait été retenu jusque-là par une discussion très-vive avec sa servante Désirée. Quand un pêcheur était venu l'avertir du retour d'Onésime, Éloi Alain était à déjeuner. Il n'avait pas oublié qu'il devait la vie à Onésime, et il fut si ému, qu'il dit à Désirée :

— Désirée, je n'ai plus faim; donne-moi ma redingote et mon chapeau, que j'aille à Dive embrasser Onésime.

— Ne pourriez-vous y aller après déjeuner? dit aigrement Désirée.

— Loin de là, je voudrais y être déjà; ce cher enfant !

— Ce cher enfant !... Vous n'avez des yeux que pour lui... Tout le reste du monde ne vous est plus rien.

— Je ne puis pas oublier qu'il m'a sauvé la vie.

— Il faut que vous ayez eu joliment peur,

pour en parler toujours comme ça. Onésime a fait ce qu'aurait fait tout le monde à sa place. On ne laisse pas griller un chrétien sans essayer de le sauver.

— C'est-à-dire que j'étais mort, s'il ne s'était pas exposé à mourir avec moi pour me sauver.

— Après tout, ça m'est bien égal ; vous pouvez bien faire ce que vous voulez. On dit dans le pays que vous avez fait un testament pour lui et que vous lui donnez tout, en faisant tort à des gens que je ne nomme pas, mais qui ont passé leur vie à votre service, et à qui vous avez fait tant de belles promesses quand il s'est agi d'abuser de leur jeunesse...

— Ne te tourmente pas, Désirée. Si je meurs avant toi, tu pourras être sûre de ne manquer de rien jusqu'à la fin de tes jours.

— Oui. Oh! je pense bien que vous me laisserez un morceau de pain, pour qu'on ne dise pas que Désirée, qui a passé sa vie chez le riche Éloi Alain, demande son pain de porte en porte... Ce n'est pas ce que vous me chantiez... Vous ne pouviez pas m'épouser, disiez-vous, mais ce serait *tout comme*, et, par votre testament, vous me donneriez tout, comme si j'avais été votre femme.

— Tu es donc bien sûre que je mourrai avant toi, Désirée?

— Écoutez donc, maître Éloi, j'étais une *toute jeunesse* quand je suis entrée chez vous, et vous étiez déjà un homme mûr ; mais vous n'êtes pas plus reconnaissant que rien du tout : je me *serai esclavée* toute ma vie auprès de vous pour un morceau de pain. Que diriez-vous si, au lieu de prendre vos intérêts dans tout et de *m'esclaver* comme j'ai fait, j'avais imité bien d'autres, si je vous avais volé, et si je m'étais fait tout doucement un magot... hein ! que diriez-vous ?

— Je serais peut-être assez bon pour ne rien dire, reprit le meunier, mais je te romprais les os à coups de trique. Je n'ai besoin des conseils de personne ; je suis assez vieux pour me conduire. C'est une vilaine action de parler comme ça de son testament à un homme, et de reporter sans cesse ses idées au cimetière. Si tu n'es pas contente, tu peux t'en aller ; si tu me parles encore de ces choses-là, sois sûre que je te mettrai à la porte.

— Oui-da ! ce serait commode ; mais pas de ça, je reste ici, moi : vous avez eu ma jeunesse, vous aurez *mon certain âge* ; vous n'oseriez pas me chasser. D'ailleurs, je me coucherais comme un chien à votre porte, et je m'y laisserais mourir de faim.

— Allons, Désirée, tâche de me laisser tranquille et calme-toi. Je te dis que tu es *bien* sur le testament et que tu n'auras pas à te plaindre ; mais je te jure, aussi vrai qu'Éloi est mon nom, que si tu me parles encore une seule fois de ce maudit testament, j'efface tout ; ça n'est pas bien long de biffer quatre lignes.

— Il y a donc quatre lignes? dit Désirée avec des yeux avides. Mais, voyez-vous, c'est pas pour votre argent, c'est que je suis jalouse quand je vois que vous aimez trop les autres.

— Allons, tais-toi ; ma redingote et mon chapeau.

C'est ce qui fit que maître Éloi ne passa que longtemps après la messe devant le cabaret où étaient attablés Onésime et les autres pêcheurs. On appela Éloi, qui embrassa Onésime avec effusion. Ils s'en allèrent tous deux à la maison de Risque-Tout, où on attendait Onésime pour déjeuner. Comme ils cheminaient ensemble en se donnant le bras, un des pêcheurs dit :

— Le vieux Éloi aime *tout de même bien* son petit cousin Onésime ; il n'y a guère que son argent qu'il aime encore plus que lui.

— Dame! c'est que le jour qu'Onésime l'est allé chercher dans le moulin en feu, tout son argent ne lui pouvait plus servir à rien.

Éloi, qui avait interrompu son déjeuner, mangea avec la famille. En mangeant, il fallut qu'Onésime racontât encore ses trois voyages, et ses dangers, et son vœu. J'ai souvent, au bord de la mer, entendu raconter jusqu'à sept fois de suite la même histoire ; on recommençait à mesure qu'il arrivait un nouvel auditeur ; les plus anciens assistants riaient à la septième fois comme à la première aux endroits réputés risibles, et ceux qui avaient coupé le récit du narrateur de quelques réflexions les répétaient au même endroit quand le récit recommençait.

— J'aurais bien dû penser qu'il arriverait quelque malheur à ce bateau-là, dit Onésime ; mais, à mon premier départ, j'étais si triste (et il regarda Bérénice), que je me serais embarqué sur un navire commandé par le diable en personne, si c'était son navire qui fût parti le premier. C'était un navire neuf, qui allait à la mer pour la première fois.

— Ça n'était pas une si mauvaise condition, dit le meunier.

— Oui, mais quand on l'a lancé du chantier de Fécamp, au bout de son erre, au lieu de s'abattre et de virer du côté de la chapelle de Notre-Dame, comme doit faire un bateau baptisé, il avait viré de l'autre bord. Aussi le second et quatre matelots avaient refusé de partir. C'est bien ; on retrouve trois autres hommes et moi. Deux jours avant le départ, voilà qu'un marin, en mangeant sur le pont, laisse tomber son couteau, et le satané couteau se fiche sur la pointe et reste debout sur le pont. Cette fois, c'était trop fort. Quelques-uns, qui étaient restés après le premier signe, s'en allèrent au second, et ce n'est qu'à force de promesses qu'on réussit à former un autre équipage.

— Malheureux enfant ! dit Pélagie, tu voulais donc aller à ta perte ?

Onésime regarda encore Bérénice et ne répondit pas à sa mère.

Il continua :

— Quand nous fûmes assaillis par une si terrible tempête que les plus vieux marins ne se rappelaient pas en avoir vu une semblable, tous se reprochaient de ne pas avoir écouté les avertissements du ciel en s'embarquant sur ce navire maudit.

— Et à quelle époque cela est-il arrivé? demanda Bérénice.

— Peu de jours après mon départ; nous étions encore dans la Manche; je suis parti un dimanche; c'était huit jours après, le mardi suivant, un peu avant midi.

— Oh! mon Dieu, dit Bérénice; c'est bien cela.

— Que veux-tu dire? demanda Onésime.

— Je te dirai cela plus tard.

Éloi Alain invita toute la famille à dîner; mais le naturel reprit bientôt le dessus, et il choisit quelques poissons parmi ceux que Tranquille et son fils avaient rapportés de la mer. Il s'en retourna pour apaiser Désirée, qui avait un dîner à faire pour une famille dont un membre au moins lui inspirait de l'ombrage. Le dîner se passa convenablement. Désirée mangea à table comme il est d'usage, tout en se dérangeant pour servir, ce qui n'empêchait pas Pélagie et Bérénice de l'aider de temps en temps. Le dîner fini, Pélagie resta à jaser avec Désirée, tandis qu'Éloi et

Tranquille fumaient devant un pot de cidre. Bérénice et Onésime sortirent de l'habitation du meunier et allèrent s'asseoir au bord du petit étang qui retient l'eau pour le moulin. Tous deux avaient bien des choses à se dire; mais aucun n'osait commencer. Cependant, après un assez long silence, la glace fut rompue par ces mots :

— Eh bien! Onésime...

— Eh bien! Bérénice...

— Mon pauvre Onésime! tu reviens; est-ce parce que tu es moins malheureux, ou parce que tu as besoin de consolations?

— L'un et l'autre, ma sœur. J'aime toujours Pulchérie, mais de cet amour qu'on aurait pour une étoile qu'on sait bien qu'on ne peut atteindre. Depuis mon départ, j'ai réfléchi et j'ai vu un peu le monde. Élevé avec Pulchérie, j'étais comme un jeune coq qu'une poule aurait couvé en même temps qu'un œuf de faisan. D'abord le plumage du dernier prend de riches couleurs, puis il s'envole. J'ai compris ma folie. Pulchérie ne pouvait être à moi. Je reviens vivre avec vous comme nous vivions autrefois; je retrouverai du plaisir à penser à elle et à revoir les lieux où nous avons vécu ensemble. Ainsi tu peux sans crainte me donner des détails sur ce qui s'est passé. Quand je suis parti, Pulchérie allait se marier... Elle est mariée?

— Oui...

— Attends,... Je le pensais, je le savais,...

mais cela cependant m'étourdit un peu... Il faut que je me le dise bien : Pulchérie est mariée. Pulchérie est à un autre, elle l'a épousé parce qu'elle l'aimait, parce qu'elle était amoureuse de lui... Maintenant j'ai bien fait saigner la blessure; parle, rien ne me fera autant de mal que ce que je me suis dit.

— Eh bien! tu as raison, mon frère. Je vais te dire tout à la fois. Pulchérie est mariée. Elle savait que tu l'aimais par une lettre que tu as laissée dans sa chambre et par une conversation qu'elle a eue avec moi le jour de son mariage. Pendant la messe du mariage même, il faisait un temps effroyable; nous avons pensé toutes deux ensemble à un ami qui devait être sur la mer, et, nous comprenant d'un regard toutes deux, nous avons prié pour lui. Pense comme j'ai été émue ce matin pendant ton récit; c'est au moment juste où tu allais périr que nous adressions pour toi au ciel une fervente prière.

Onésime embrassa sa sœur, et tous deux restèrent quelques instants silencieux. Bérénice continua :

— Quand Pulchérie a été partie avec son mari, beaucoup de bruits ont couru sur ce mariage. On a dit que M. Malais, étourdi par l'orgueil de voir sa nièce comtesse, s'était ruiné pour la dot, et qu'il ne lui restait presque rien. Madame Malais, malgré laquelle tout s'était fait, s'en plaignait à qui voulait l'entendre. Pour M. Malais, qui est si orgueilleux, il n'a jamais rien diminué de son train au dehors à cause de ce qu'on en penserait, mais on disait que cela se sentait au dedans. Le comte de Morville venait quelquefois à Beuzeval, mais il n'allait pas chez les Malais. Il venait la nuit, allait tout droit chez notre cousin Éloi et se retirait à la pointe du jour, sans parler à personne. Ces jours-là, le meunier, qui ne répondait à aucune question, se frottait les mains et avait l'air de sourire toute la journée. Pulchérie écrivait quelquefois, elle exprimait ses regrets de ne pas voir son oncle et sa tante ; les *affaires* de son mari ne lui permettaient pas de venir en Normandie, et il ne voulait pas qu'elle voyageât seule. Elle paraissait triste, quoiqu'elle parlât toujours de son bonheur, et madame Dorothée disait souvent : « On ne me trompe pas, nous avons tout perdu, et nous n'avons pas même la consolation d'avoir fait le bonheur de Pulchérie! C'est notre plate vanité qui a monté la tête à cette malheureuse enfant. Nous avons été si fiers de voir un comte à notre table, nous avons si sottement loué tout ce qu'il faisait, que nous avons fini par monter la tête à cette pauvre fille, et aujourd'hui elle paye tout cela bien cher. » Sur ces entrefaites, madame Malais vint à mourir; cette fois, Pulchérie vint à son enterrement avec son mari. Elle était triste à faire peine ; mais, comme elle avait un sujet de chagrin légitime dans la perte de sa bienfaitrice, on n'en put pas tirer tout à fait la conséquence qu'elle n'était pas heureuse dans son ménage. Ils restèrent quelques jours après l'inhumation ; le comte venait souvent voir le meunier ; il eut de longues discussions avec M. Malais, il voulait, dit-on, lui faire signer des papiers ; M. Malais ne voulait pas, puis il finit par céder ; alors le meunier fut mandé au château, où il alla plusieurs jours de suite. Tout le monde voyait bien qu'il y avait des avaries, et que mon cousin Éloi y était pour quelque chose ; mais, quand on lui faisait des questions, il ne répondait pas, ou bien il vous faisait des questions sur des choses auxquelles il savait bien qu'on ne voulait pas répondre. Je ne vis Pulchérie qu'une fois ; elle vint m'embrasser avant de repartir pour Paris ; elle paraissait triste et était fort changée. Si mon cousin Éloi ne dit rien, il y a quelqu'un qui n'en sait pas tant, selon les apparences, mais qui dit tout ce qu'il sait, et peut-être même un peu davantage : c'est maître Épiphane, qui n'est plus clerc ; tout à coup il est devenu l'ami du meunier, il ne sortait plus du moulin. On prétend qu'Éloi l'a employé à des affaires avec le mari de Pulchérie. Toujours est-il qu'il a disparu quelques mois après avoir quitté son école, et, quand il est revenu, c'était un gros monsieur ; il s'est fait huissier. On a dit cent choses sur cette fortune inouïe : de maître d'école devenir huissier ! Sa femme à présent met des chapeaux ; il n'y a plus de concurrence pour les bains de mer, c'est Désirée qui les dirige. Maître Épiphane dit que le meunier tient aujourd'hui presque toute la fortune des Malais, et qu'il aura le reste quand il voudra. Il dit aussi qu'Éloi Alain a depuis sa jeunesse une vengeance à exercer contre les Malais, qu'il tient M. Malais au bout de sa ligne, et que, s'il ne le tire pas tout à fait hors de l'eau, c'est que ça l'amuse de le voir se débattre; mais, ajoute maître Épiphane, M. Malais a l'hameçon dans le gosier, il ne s'échappera pas. Cependant j'ai peine à croire que mon cousin Éloi soit devenu si riche, et M. Malais si pauvre ; ils n'ont rien changé ; ni l'un ni l'autre, dans leurs habitudes. M. Malais a toujours son cheval et sa voiture, il a renvoyé quelques domestiques, à ce qu'on raconte, mais il dit que c'est parce qu'il a peur d'être volé, que, depuis la mort de sa femme, il ne reçoit plus de monde, et la peur d'être volé n'indique pas un homme ruiné. Il n'a plus qu'un seul domestique borgne qui n'est pas du pays, qu'on n'a pas vu arriver, qui ne sort jamais et qui ne cause avec personne. Les fournisseurs de la maison apportent au château moins qu'autrefois ; cela se comprend, puisqu'on ne reçoit plus personne depuis la mort de madame Dorothée. M. Malais est toujours bien mis ; on le voit dans la même voiture, avec son même cheval toujours bien harnaché; il va de temps en temps se promener en voiture jusqu'à Caen ou jusqu'à Honfleur, et il donne toujours quelque chose aux pauvres qu'il rencontre. Pendant ce temps, mon cousin a toujours ses vieux habits d'il y a trois ans, auxquels il fait remettre des pièces qu'il prétend être de la même couleur, parce que ce sont des morceaux du même coupon de drap qu'il a gardés dans un tiroir, pendant que les habits s'usaient au soleil, à la poussière et à la pluie; il n'a que son vieux bidet pour le service de son moulin; il prise dans la tabatière d'autrui, et fume le tabac qu'on lui donne; il se plaint toujours de la dureté des temps et se refuse à chaque instant des choses dont on voit bien qu'il a envie. Quand on lui doit un peu d'argent, et, Dieu merci, nous ne lui en devons plus, on dirait toujours qu'il attend après ce remboursement pour avoir du pain; il vient souvent par hasard au moment du retour de la pêche, et il tourne tout autour du poisson; il le trouve si beau, si rond, si épais, si frais, il y goûte tant des yeux, qu'il est impossible de ne pas lui dire d'en emporter un ou deux. Quand il boit un pot de cidre avec quelqu'un, il est si long à chercher de la monnaie, que celui qu'il a invité est souvent forcé de payer; jamais il ne donne rien à personne, et on a remarqué beaucoup, lorsque tu as disparu, ce qui a

semblé lui faire un vrai chagrin, qu'il a dit :
« Si c'est pour de l'argent qu'il est parti, je lui en aurais donné. » Il est vrai qu'il a ajouté : « Un peu, » et cela c'était avant le temps où on prétend qu'il a *gagné* toute la fortune des Malais.

Le frère et la sœur s'aperçurent alors qu'il était tard ; ils retournèrent au moulin, mais il n'y avait plus de lumière. Depuis longtemps déjà, Tranquille et Pélagie étaient repartis pour Dive, croyant leurs enfants couchés. Bérénice rentra. Onésime dit qu'il n'avait pas encore sommeil. Il alla errer autour du château. Il aurait voulu voir de loin la chambre de Pulchérie, d'où il s'était échappé si malheureux il y avait trois ans ; mais tout était dans l'obscurité. Il allait s'en retourner, lorsque, dans une prairie, il aperçut un homme et un cheval. Le cheval tondait l'herbe à belles dents ; l'homme paraissait inquiet et avait l'œil au guet ; il entendit marcher, et, prenant son cheval par la longe, il semblait prêt à l'emmener. Onésime, voyant son trouble et saisi d'un vague soupçon, cessa de marcher et resta blotti derrière un buisson. Le maître du cheval reprit de l'assurance sans se relâcher de sa surveillance, et permit à l'animal de se remettre à paître. Onésime eut le temps de voir qu'il ne s'était pas trompé, et que ce personnage n'était autre que M. Malais de Beuzeval. Il ne comprit pas très-bien pourquoi il était si tard dans la campagne, ni pourquoi il avait l'air si agité ; tout ce qu'il comprit pour le moment, c'est que le vieillard ne voulait pas être rencontré. Il voulut se retirer sans bruit, mais il ne put éviter d'agiter quelques branches, et en quelques instants le cheval et son maître disparurent et rentrèrent dans le château.

FIN DU TOME PREMIER.

www.ingramcontent.com/pod-product-compliance
Lightning Source LLC
Chambersburg PA
CBHW071941160426
43198CB00011B/1487